Nick Vujicic
Sei stark!

Nick Vujicic

Sei stark!

Selbstbewusst
gegen Mobbing, Ausgrenzung
... und was dich sonst runterzieht

Deutsch von Julian Müller

BRUNNEN
Verlag GmbH · Giessen

Das Original dieses Buches erschien im Jahr 2014
unter dem Titel „Stand Strong. You Can Overcome Bullying
(and Other Stuff That Keeps You Down)"
in Colorado Springs bei WaterBrook Press,
WaterBrook Multnomah, Imprint der Crown Publishing Group/Random
House LLC, New York,
a Penguin Random House Company.
© Nicholas James Vujicic 2014

© der deutschsprachigen Ausgabe
Brunnen Verlag Gießen 2015
www.brunnen-verlag.de
Lektorat: Petra Hahn-Lütjen
Umschlagfoto: Mike Heath, Magnus Creative; shutterstock
Umschlaggestaltung: Daniela Sprenger
Satz: DTP Brunnen
Herstellung: GGP Media GmbH, Pößneck
ISBN 978-3-7655-0926-1

*Dieses Buch, ein Beitrag im Kampf
gegen Mobbing, widme ich meinem Sohn Kiyoshi.
Mögen du und deine Kinder
in einer besseren, freundlicheren Welt leben.*

Statements zu Nick Vujicic, Sei stark!
Selbstbewusst gegen Mobbing, Ausgrenzung ...
und was dich sonst runterzieht

„Als einer, der als Kind selbst unter Mobbing litt und heute beruflich mit den unterschiedlichsten Formen von Gewalt konfrontiert wird, spricht mir das Buch zutiefst aus dem Herzen. Dieses Buch ist ein idealer Ratgeber für alle Menschen: Es ermutigt und ist total authentisch geschrieben – von einem wunderbaren Menschen, der weiß, wovon er redet. Geschrieben aus dem Herzen für Herzen.

Nicks Buch motiviert, es tröstet und nicht selten gewinnt es dem Leser ein Lächeln ab. Man spürt, dass die Liebe Gottes dieses wunderbare Buch erfüllt, so wie den Autor selbst."

Michael Stahl

Gewinner des Werte Awards für innovative & strukturverändernde Projekte

Inhaber von Security & More – Anti-Gewalt-Seminare • Selbstverteidigung • Sicherheitsdienst • Gewaltprävention

„Nick ist ein Ermutiger. Er zeigt, dass Anderssein keine Schwäche ist, im Gegenteil: Jeder Mensch ist wertvoll! Mit seiner aufbauenden Geschichte sagt Nick Mobbing und Ausgrenzung den Kampf an."

Lea Steins, Studentin

„Warum sollte man dieses Buch lesen? – Weil es eine wahre Geschichte ist. Sieh dir die Bilder und Videos von Nick im Internet an. Wenn er es geschafft hat, so glücklich zu werden, dann schaffst du es auch!"

Helen Endemann

Romanautorin, „Operation Unsichtbar" (Thema Mobbing)

Inhalt

1 – Warum ich?

Du bist nicht allein.

Mobbing gibt es überall – weltweit

Ich bin das perfekte Mobbingopfer. *Keine Arme, keine Beine. Keine Gegenwehr.*

Obwohl ich aus ungeklärten Gründen ohne Gliedmaßen geboren wurde, hatte ich es gut. Ich hatte eine liebevolle Familie, die mich unterstützte. Die ersten Jahre meines Lebens wurde ich einfach nur geliebt und gefördert. Aber kaum hatte ich das sichere Nest verlassen und gegen die Spielplätze und Flure der Grundschule getauscht, hatte ich das Gefühl, auf meiner Stirn stünde in großen Lettern: „Hänseln erwünscht!"

Ich entwickelte eine regelrechte Phobie davor, gehänselt zu werden. Und ich hatte das Gefühl, niemandem ging es so wie mir. Dabei stimmt das gar nicht.

Wenn du gehänselt oder gemobbt wirst, solltest du dir eins klarmachen: Bei den blöden Sprüchen, Angriffen und Gemeinheiten geht es nicht wirklich um dich, dein Aussehen oder das, was du getan hast. Deine Peiniger haben selbst Probleme. Sie haben dich auf dem Kieker, um sich selbst besser zu fühlen, ihre Wut rauszulassen oder Macht über jemanden zu haben. Manchmal haben sie auch einfach Langeweile.

Als Teenager zermarterte ich mir endlos den Kopf: Warum ausgerechnet ich? Es gab da einen ganz besonderen Kandidaten, der mich einfach nicht in Ruhe lassen wollte. Ich war nicht der Einzige, den er schikanierte, aber es ging mir an die Nieren. Was habe ich über seine Motive gegrübelt! Erst nach einer langen Zeit dämmerte es mir, dass es dabei nicht um meine Probleme ging. Es ging um seine.

Gibt es in deinem Umfeld auch so jemanden? Der genau weiß, wo dein wunder Punkt ist? Der deinen Magen zum nervösen Vulkan werden lässt? Der dich in deinen Träumen verfolgt, weil du einfach nicht verstehst, wieso er gerade dich schikanieren muss? Ich möchte dir zumindest in diesem Punkt Erleichterung verschaffen.

Es geht nicht um deinen Peiniger oder seine Motive. Was zählt, bist du! Deine Sicherheit und dein Wohlbefinden sind wichtig, und nicht nur mir, sondern allen, denen du am Herzen liegst. Anstatt dich also darauf zu konzentrieren, warum er oder sie dich runterzieht, werden wir darauf schauen, wie du dich wieder sicher und wohlfühlen kannst. Hört sich gut an? Also los!

Bevor wir tiefer einsteigen, möchte ich aber eins klarstellen: Eine allgemeingültige, unfehlbare Strategie, sich gegen Mobbing und seine Täter zu behaupten, gibt es nicht. Vor allem abraten möchte ich aber von Gewalt. Wenn es irgend geht, lass dich nicht dazu hinreißen! Wenn du angegriffen wirst, verteidige dich, aber such vor allem das Weite. Hast du Grund zur Annahme, dass ein körperlicher Übergriff bevorsteht, hole Hilfe, bevor es passiert.

Die Mobbingepidemie

Mobbing ist kein Einzelfall. Gemobbt zu werden ist leider genauso verbreitet wie Erkältungen oder dass jemand sich den großen Zeh stößt. Überall, wo ich auf der Welt hinkomme, spreche ich dieses Thema bei Jugendlichen an. Und jedes Mal treffe ich ins Schwarze. So viele junge Leute leiden körperliche, seelische und geistige Qualen, weil sie gemobbt und gehänselt werden. Und Erwachsene kennen das auch.

In China vertraute mir ein Jugendlicher an, er habe schon acht

Mal versucht, sich das Leben zu nehmen, weil in der Schule auf ihm herumgehackt wurde. In Boise, Idaho, kam ein hübsches koreanisches Mädchen heulend nach meinem Vortrag zu mir und meinte: „Ich werde jeden Tag gehänselt, nur weil ich die einzige Asiatin auf der Schule bin."

Geschichten dieser Art kenne ich aus Chile, Brasilien, Australien, Russland, Serbien, einfach überall, wohin es mich verschlägt. Hand aufs Herz: Fast jeder von uns kann sich doch an jemanden aus der Kindheit erinnern, der einem Prügel angedroht, sich über einen lustig gemacht oder die Freunde gegen einen aufgewiegelt hat. Als Erwachsene leiden wir unter sexueller Belästigung oder werden aufgrund unserer Hautfarbe, Religion, sexueller Orientierung oder Behinderung diskriminiert. Die Täter sind Chefs, Kollegen, Lehrer, Trainer, manchmal sogar der Freund oder die Freundin – jeder, der seine Machtposition missbraucht.

So traurig es ist: Auch Eltern sind nicht davor gefeit. Die Selbstmordrate unter jungen Menschen in Asien ist viel zu hoch, und das liegt nicht zuletzt daran, dass die Jugendlichen von ihren Eltern oft unter Druck gesetzt werden. Sie sollen Bestnoten erreichen, um auf die besten Schulen zu gehen, damit sie später die besten Jobs und das beste Gehalt nach Hause bringen. Natürlich wollen alle Eltern, dass es ihren Kindern einmal gut geht, aber wenn man seine Kinder nur dann liebt, wenn sie den eigenen Vorstellungen von Erfolg entsprechen, dann ist das auch eine Art Mobbing. Ich habe von einem Fall gehört, wo die Eltern ihre Zigaretten auf dem Kind ausdrückten, weil seine Noten nicht gut genug waren. Das ist ein extremes Beispiel, aber Geschichten dieser Art hört man immer wieder.

Der Normalfall ist, dass jemand ausgegrenzt oder ausgelacht wird, weil er „anders" ist. Das kenne ich wirklich zur Genüge. Ich war ein richtiger Hänselmagnet. Was habe ich mir alles anhören müssen wegen meiner fehlenden Gliedmaßen – abfällige Kommentare, fiese Witze, sogar Androhungen von Gewalt.

Es half nichts, dass wir während meiner Schulzeit einige Male umzogen. Von einem Ende in Australien zogen wir ans andere, später in die USA und wieder zurück. Aber an jeder neuen Schule war ich nicht nur der komische Junge ohne Arme und Beine, sondern auch stets der Einzige im Rollstuhl. Als wir in die USA zogen, gelang mir sogar ein Hattrick: Ich war der Einzige an der Schule ohne Arme und Beine, der Einzige im Rollstuhl *und* der Einzige mit diesem komischen australischen Akzent!

Nur nicht auffallen? Wie denn?

Klar, ich stach wirklich aus der Masse heraus. Der Neue zu sein, der noch keine Freunde hat, machte mich außerdem zu einem noch leichteren Ziel. Aber mir wurde bald klar, dass niemand davor gefeit war. Die schlauen Schüler wurden zu „Strebern", die großen zu „Bohnenstangen", die kleinen zum „Zwerg". Wenn es das perfekte Kind gegeben hätte, wäre er wohl dafür gehänselt worden, „zu perfekt" zu sein.

Egal aus welchem Grund: Gehänselt und ausgegrenzt zu werden tut weh. Man schluckt es herunter und schluckt es herunter und fragt sich, ob das je aufhören wird. Als jemand, der als Jugendlicher jahrelang damit zu tun hatte und auch jetzt noch hin und wieder damit konfrontiert wird, möchte ich dir Mut machen und dich beruhigen. Mobbing ist keine Endstation. Auch du kannst das hinter dir lassen.

Der Blick nach vorn

Gott hat dich auf dieser Erde gewollt, weil er dich liebt und etwas mit dir vorhat. Mit seiner Hilfe und meinen Tipps aus diesem Buch wirst du deine Peiniger auf ihre Plätze verweisen, damit sie und ihre Kommentare nicht mehr an dich herankommen. Ich bin der lebende Beweis: Man kann Mobbing eine Absage erteilen und ein unverschämt glückliches Leben führen.

Als ersten Schritt möchte ich dir einen Gedanken einpflanzen. Vorsicht, ich manipuliere dein Denken! Wenn du dich lieber schützen willst, wickle dir lieber schnell Alufolie um den Kopf. (Ja, das sieht lächerlich aus, aber ich sage nichts, versprochen.) Es geht um folgenden Gedanken:

Gemobbt zu werden ist nicht nur eine grauenvolle Sache, sondern auch *die* Gelegenheit.

Mobbing ist eine Art Missbrauch. Da heißt es, Stoppzeichen zu setzen.

Ich weiß, was du jetzt denkst: *Da hat ihm wohl ein Känguru eine verpasst!* Nein, es war ein Wallaby. Aber im Ernst: Ich bin davon überzeugt, dass in deinem ärgsten Feind eine Quelle für Gutes in deinem Leben steckt. Er macht dich fertig, kostet dich deinen Schlaf und trampelt auf deinen Träumen herum? Es wird Zeit, dass du den Spieß umdrehst.

Mobbing ist eine Art Missbrauch. Da heißt es, Stoppzeichen zu setzen.

Ich weiß, dass es verrückt klingt: Mach aus den Tätern so etwas wie dein Trainingsfeld! Tritt aufs Gaspedal und lass sie in einer Staubwolke hinter dir.

Auf den folgenden Seiten werde ich dir helfen, Antikörper gegen Mobbing auszubilden. Dieser Prozess funktioniert von innen nach außen. Erst werden deine tiefsten Gedanken und Gefühle gestärkt – dein Herz und deine Seele –, und dann deine Art, die Welt zu sehen, Entscheidungen zu treffen und den inneren Schweinehund zu besiegen. Seine Mobbingverteidigung baut man auf, indem man

1. sich selbst kennenlernt, damit niemand einem mehr etwas Falsches über einen einreden kann oder dafür sorgt, dass man mit sich unzufrieden ist

2. Verantwortung für sein eigenes Glück und sein Verhalten übernimmt, damit niemand mehr Macht über einen hat

3. sich starke Werte sucht, die nicht so leicht zu erschüttern sind
4. eine Sicherheitszone in sich selbst schafft, in die man sich zurückziehen und Kraft schöpfen kann
5. belastbare und gute Beziehungen mit Menschen pflegt, die einem beistehen
6. lernt, wie man seine emotionale Reaktion auf Mobbing steuert
7. ein geistliches Fundament schafft und inneren Frieden und Stärke findet
8. aus seinen Erfahrungen lernt und mit jedem Mal stärker, weiser und selbstbewusster wird und sich nicht mehr so leicht einschüchtern lässt
9. sich eine Anti-Mobbing-Strategie zurechtlegt, die man im Zweifelsfall parat hat
10. die Kunst der Empathie erlernt, um mit offenen Augen durch die Welt zu gehen und anderen helfen zu können, wenn sie Opfer von Mobbing geworden sind.

Hat man diese Systeme installiert, ist die Verteidigung online. Von da an kannst du mich auf meinem Feldzug gegen Mobbing aller Art unterstützen, wenn du willst! Mit Gottes Hilfe können wir ein deutliches Zeichen gegen Mobbing setzen.

Was leider sehr oft passiert, ist, dass die Opfer selbst zu Tätern werden. Es ist ein Teufelskreis, und eines meiner Ziele mit diesem Buch ist es, ihn zu durchbrechen. Ich möchte dir helfen, damit du dich danach mir und den anderen anschließen kannst, die nicht länger tatenlos zusehen wollen.

Glaubst du, die Mobbingepidemie ist noch aufzuhalten? Ich schon. 2012 war ich in einer Schule in Hawaii, um einen Vortrag über Mobbing zu halten. Ein Jahr später bekam ich vom Direktor einen Brief, in dem er schrieb, mein Besuch hätte in seiner Schule etwas bewirkt. Seit einem Jahr hätte es keinen einzigen Fall mehr gegeben!

Dein erster Beitrag gegen Mobbing liegt gerade in deiner Hand.

Wenn du das Buch ausgelesen hast, gib es weiter! Erzähle deinen Geschwistern, Freunden, Eltern, Lehrern und allen, die davon profitieren könnten, was du aus der Lektüre gelernt hast.

Wenn du unter irgendeiner Form von Mobbing leidest, wird dir dieses Buch die folgende Grundregel vor Augen führen: Wenn es dir schlecht geht, fühlt sich dein Gegenüber überlegen. Spiel dieses Spiel nicht länger mit. Glaub stattdessen denen, die sagen, du bist ihnen wichtig! Nicht zuletzt gibt es im Himmel einen, der dich wirklich liebt. Du bist sein Kind, und er wollte dich. Du bist ein Prachtexemplar! Du bist die perfekte Version von dir selbst.

Das bedeutet nicht, dass du fehlerlos bist, aber das ist es ja gerade. Wir sind alle perfekt und unvollkommen zugleich. In beidem liegt Schönheit verborgen, und beides hat einen Sinn.

Wenn du dieses Buch gelesen hast, wirst du voller Überzeugung sagen können:

- Ich lasse nicht zu, dass jemand anderes über meinen Wert bestimmt. Ich weiß, wer ich bin und wohin ich will.
- Ich lasse mir von niemandem mein Selbstbild schlechtreden. Mein Glück nehme ich selbst in die Hand.
- Meine Werte sind unerschütterlich. Egal wohin mich das Leben führt, sie werden mich leiten.
- Meine Stärke kommt von innen, und ich lasse mich nicht mehr verunsichern.
- Ich kann auf meine Familie und Freunde zählen – und sie auf mich.
- Ich bin mir meiner Gefühle bewusst, vor allem meiner Wut und Angst, und ich kann meine Reaktion darauf steuern. Mein Ziel ist es, positiv zu denken und zu handeln.
- Gott ist meine Kraftquelle. Er hat mich gewollt und liebt mich bedingungslos. Wo ich schwach bin, ist er stark.
- Aus jeder Herausforderung nehme ich etwas Positives mit.
- Ich nutze meine Gelegenheiten, anderen zu helfen, vor allem denen, die ähnlich zu kämpfen haben wie ich.

Ich möchte dir helfen, dein Verteidigungssystem aufzubauen. Du wirst dich stärker fühlen und für die Herausforderungen deines Lebens besser gewappnet sein.

Du bist großartig!

Denk dran:

- Mobbing ist eine weltweite Epidemie. Du bist nicht allein damit – und es gibt jede Menge Hilfe.
- Wenn dich jemand auf dem Kieker hat, geht es eigentlich nicht um dich oder deine Fehler; es geht um die Probleme desjenigen selbst. Nimm es also nicht persönlich.
- *Die* Strategie gegen Mobbing gibt es nicht. Konzentriere dich daher auf dich selbst, deine innere Stärke und lege dir verschiedene Strategien zurecht.
- Wenn du angegriffen wirst, verteidige dich, aber sieh zu, dass du dich aus der Gefahrenzone begibst. Wenn du Grund zu der Annahme hast, dass dein Gegenüber handgreiflich wird, such dir rechtzeitig Hilfe.

2 — Werde zum Albtraum deines Gegners

Kenne dich selbst und lass den Rest an dir abprallen

Der Kerl war stockbesoffen. Meine Frau und ich schwammen im hoteleigenen Pool, und er starrte mich die ganze Zeit an. Zuerst verstand ich nicht, was er sagte, weil er schon ziemlich lallte, aber ich wusste, Komplimente waren das nicht.

Als ich mich auf den Beckenrand setzte, kam er näher und bestätigte meine Befürchtungen. Er lästerte über mein kleines Füßchen und meinen Körper. Dann piesackte er mich mit extrapeinlichen Fragen, um mich lächerlich zu machen.

Dabei machte er sich hauptsächlich selbst lächerlich. Das konnte er auch ohne meine Hilfe, also hielt ich den Mund und wartete, bis er müde war. Nach einigen Minuten torkelte er ins Hotel. Ich bat Gott, er solle sich um den armen Mann kümmern. Wirklich. Ich bat Gott, er solle sich um ihn kümmern und ihn ordentlich gegen die Glastür laufen lassen! (Kleiner Scherz. Oder auch nicht.)

Was den Umgang mit solchen Kandidaten betrifft, habe ich mir Jesus zum Vorbild genommen. Er ist das Paradebeispiel für jemanden, der gemobbt wurde, und zwar wegen seiner religiösen Überzeugungen. Und trotzdem blieb Jesus cool und sich selbst treu. Nicht ein einziges Mal nutzte er seine Macht, um zurückzuschlagen. Bestimmt hätte er seine Widersacher mit einem Blitz vom Himmel niederstrecken können, wenn er gewollt hätte. Stattdessen ging er mit ihnen um wie mit allen Menschen – einfühlsam, liebevoll und stets mit dem Angebot der Umkehr im Gepäck.

So gelassen reagieren wie am Hotelpool konnte ich natürlich nicht immer. Oft war ich hinterher eingeschüchtert und zugleich wütend, deprimiert, ängstlich, genervt und mir war schlecht.

Als Erwachsener lässt mich so etwas schon eher kalt. Aber ich muss zugeben, dass mir der Betrunkene vom Pool auf den Geist ging. Er zerstörte mit seinen verbalen Angriffen die ganze Urlaubsstimmung, und nicht nur mir, sondern auch allen anderen am Pool.

Habe ich mich hinterher für mich selbst geschämt, war ich verunsichert oder deprimiert? Nicht die Spur! Ich habe die beste Verteidigung gegen Hänseleien, und ich möchte dir mein Geheimnis in diesem Buch verraten. Der erste Schritt ist nämlich, sich selbst zu kennen. Dann kann dich das, was andere über dich sagen, nicht mehr aus der Bahn werfen.

Ich weiß, wer ich bin

Diese Lektion habe ich auf die harte Tour gelernt. Als Kind habe ich die Hänseleien mit mir herumgeschleppt wie Kletten. Ich stellte mich krank, damit ich nicht in die Schule und meinen Angstgegnern nicht über den Weg laufen musste.

War ich doch in der Schule, versteckte ich mich im Gebüsch, damit sie mich gar nicht erst sahen. Ich war unglaublich verletzlich, und das nutzten sie schamlos aus. Ich hatte so viele Fragen, auf die ich keine Antwort fand, und eine der quälendsten Fragen war: *Wenn Gott alle seine Kinder liebt, warum bin ich dann so anders?*

Die anderen Kinder in meinem Alter hielten ihre Nase für zu groß oder hatten Angst, dass ihre Pickel nicht mehr weggehen würden. Ich dagegen wälzte mich abends im Bett mit Fragen herum wie: *Hätte Gott mir nicht wenigstens Arme geben können? Oder Beine? Oder wenigstens einen Arm oder ein Bein? Warum gerade ich? Was soll das für einen Sinn haben? Was hat mein Leben für einen Sinn?*

Wie soll ich je in dieser Welt klarkommen, die für Leute mit Armen und Beinen gebaut ist?

Die nagenden Selbstzweifel an meinem Wert und meiner Zukunft wurden nur noch schlimmer dadurch, dass andere über mich lästerten, mir Kommentare an den Kopf warfen oder einen weiten Bogen um mich machten, als wäre ich kein Mensch. Das alles belastete mich so sehr, dass ich Selbstmordgedanken hatte. Nicht nur einmal wollte ich mich von irgendeiner Kante stürzen.

Als ich etwa zehn war, versuchte ich, in der Badewanne zu ertrinken. Ich hielt den Kopf unter Wasser und wartete, bis mir die Luft ausging. Aber ich brachte es nicht fertig. Die ganze Zeit sah ich meine Eltern und Geschwister auf meiner Beerdigung vor mir. Den Gedanken, dass sie um mich trauerten, weinten oder sich gar Schuldgefühle machten, konnte ich nicht ertragen. Sie konnten ja nichts dafür; wieso sollte ich ihnen dann so etwas aufbürden?

An jenem Tag beschloss ich, dass Selbstmord keine Option war. Die selbstzerstörerischen Gedanken waren nicht weg, aber im Laufe der Zeit nahmen sie ab.

Trotzdem habe ich am eigenen Leib erfahren, dass einen Hänseleien und Mobbing zur Verzweiflung bringen können. Ich weiß, wie man sich fühlt.

Hast du schon einmal daran gedacht, dir etwas anzutun? Lass dir nicht die Lebensfreude und den Lebenswillen von ein paar einzelnen Leuten nehmen. So viel Macht über dich dürfen sie nicht bekommen! Es wartet noch so viel auf dich, bleib dran!

Noch ist nicht aller Tage Abend

Wenn ich damals tatsächlich Selbstmord begangen hätte, hätte ich ein Leben voller Freude und Liebe verpasst, das meine kühnsten Träume übersteigt. Ich hätte nie die Liebe meines Lebens gefunden und geheiratet, ganz zu schweigen von der Geburt unseres Sohnes!

Ich hätte nie die Gelegenheit gehabt, Menschen auf der ganzen Welt kennenzulernen und zu ermutigen.

Die Sache ist die: Keiner von uns weiß, was sich in seinem Leben noch alles Gutes ereignen kann. Nur unser Schöpfer weiß das. Vielleicht hängst du gerade in den Seilen. Oder jemand macht dir das Leben zur Hölle. Das ist kein Zuckerschlecken, ich weiß das. Aber ich will dir helfen. Du kannst das hinter dir lassen. Es liegen bessere Zeiten vor dir, und die möchtest du doch nicht verpassen, oder?

> Nie hätte ich mir träumen lassen,
> was da noch alles Gutes auf mich wartete.
> Und du weißt das auch nicht.
> Darum sage ich: Bleib dran und lass es dir nicht entgehen.

Jeder von uns hat seine Probleme. Deine sind vielleicht noch viel größer als meine. Ich wurde zwar ohne Arme und Beine geboren, aber ich hatte es in vielen anderen Bereichen sehr gut. Ich bin davon überzeugt, dass in jedem von uns die Kraft steckt, seine Herausforderungen zu meistern. Und Gott ist ja auch noch da. Selbst wenn du das Gefühl hast, deine Kraft reicht niemals aus, seine tut es.

Mir fehlen Arme und Beine, aber ich habe mir trotzdem schon oft einen festen Stand suchen müssen, um Stürme zu überstehen. Immer wieder bin ich gehänselt worden. Daran hat sich bis heute nichts geändert – und schau mich an, ich bin ein verheirateter Mann und Familienvater. Ich habe gelernt, wie man mit so etwas umgeht. Mein Hauptaugenmerk liegt dabei auf meiner eigenen Reaktion und darauf, eine solide Basis zu haben, von der aus ich die Attacken abwehren kann.

Jeder kann das lernen. Ich möchte dich an meinen Erfahrungen teilhaben lassen und daraus eine Art *Handreichung* (Humor hilft immer!) machen. Als ich in der Pubertät war, sah ich mich weder im College, noch eigenes Geld verdienen oder irgendetwas zum Leben auf der Erde beitragen. Ich dachte, so jemand wie ich würde nie eine Frau finden. Ich, ein Vater, der sein eigenes Kind ans Herz drückt? Undenkbar!

Aber ich lag falsch. So was von falsch!

Diejenigen, die sich das Maul über mich zerrissen, hatten unrecht, und ich auch. Mein Leben, das wegen meiner Unsicherheit und dem Druck durch das Hänseln so ein jämmerlicher Spießrutenlauf war, ist zu einem unverschämt fröhlichen und guten Leben geworden.

Nie hätte ich mir träumen lassen, was da noch alles Gutes auf mich wartete. Und du weißt das auch nicht. Darum sage ich: Bleib dran und lass es dir nicht entgehen.

Aus Minus mach Plus

Wirst du gehänselt, weil du zu klein, zu groß, zu dünn oder irgendwie anders bist? Ich habe gelernt, dass Anderssein ein gewaltiger Vorteil sein kann. Natürlich tut es weh, kritisiert oder gemieden zu werden. Aber dieser Schmerz lehrt einen, einfühlsam, verständnisvoll, dankbar und voller Mitgefühl für andere zu sein.

Wahrscheinlich kennst du den Spruch: „Was dich nicht umbringt, macht dich stark." An schlechten Tagen nützte mir das freilich wenig. *Es tut trotzdem weh!*, dachte ich. Aber man kann die Kommentare von anderen als Ansporn nehmen, schlauer, stärker und selbstbewusster zu werden als zuvor.

Hat jemand dich verletzt, werde selbst zu jemandem, der Verletzten beisteht. Hat man dich links liegen lassen, werde zu jemandem, der nicht achtlos an anderen vorbeigeht. Hat sich niemand für dich stark gemacht, mach du dich für andere stark. Mal ehrlich: Wenn jemand ohne Arme und Beine sich das Leben durch Mobbing und Hänseleien nicht verderben lassen kann, kann das jeder.

Ich habe mich trotz all meiner Unzulänglichkeiten und Selbstwertprobleme drauf eingelassen, und sieh nur, was dabei herausgekommen ist!

Nicht der Zufall bestimmt unser Leben.
Sondern unsere Entscheidungen

Wir können die anderen vielleicht nicht davon abhalten, ihre Kommentare zu machen oder uns das Leben schwer zu machen, aber trotzdem haben wir die ultimative Macht – wir können entscheiden, wie wir darauf reagieren und was für ein Leben wir führen wollen.

Du bist stärker, als du denkst

Bei Mobbing suchen sich die Täter Opfer, die sie mit ihren Worten oder ihren Fäusten kleinkriegen, die sie isolieren oder manipulieren können, ob im wahren Leben oder online. Sie suchen nach Schwächen, empfindlichen Stellen oder Unsicherheiten, die sie ausnutzen können. Ich nehme an, du hast von allem etwas, oder? Wer nicht?

Jeder hat seine persönlichen Problemzonen. Das macht uns aber nicht schwach, sondern menschlich. Und natürlich etwas verletzlich, was aber auch ganz normal ist. Wer sich verletzlich zeigt, ist sympathisch und geht rücksichtsvoll mit anderen um. Man kann verletzlich sein und trotzdem stark.

Ein beliebtes Ziel sind immer diejenigen, die sich isolieren lassen, wie etwa der Neue an der Schule oder ein Teenager im Internet. Ich komme später noch näher darauf zu sprechen, aber es ist generell keine gute Idee, sich auf längere Zeit von anderen Menschen zu isolieren. Das habe ich alles durch.

Wer niemanden zum Reden hat, dem fehlt der Schutz gegen negative Gedanken. Selbst Kleinigkeiten, die man sonst mit einem Achselzucken abtun würde, werden plötzlich zu echten Problemen. Genau das wollen die Täter. Sie sind wie ein Wirbelsturm. Sie rauschen heran und zerren an allem, was nicht fest, solide und gut verzurrt ist. Deswegen werde ich dich windfest machen und dir ein starkes Fundament bauen helfen, das nicht so schnell einbricht.

Ich meine damit nicht, dass du eingebildet und großspurig werden sollst. Es geht darum, so stark und selbstsicher zu werden, dass niemand dir mehr einreden kann, du seist schwach oder wertlos. Darum, dass du genau weißt, wer du bist und was du der Welt zu bieten hast.

Das bedeutet leider nicht, dass dich in Zukunft alle in Ruhe lassen werden. Manche fühlen sich dadurch noch mehr angestachelt. Aber wer es mit dir aufnimmt, wird das Gefühl haben, mit dem Kopf gegen eine Wand zu rennen. Deine Selbstsicherheit wird deinen Gegner zur Weißglut treiben, und irgendwann wird er sich ein schwächeres Opfer suchen oder sogar merken, dass Mobbing nicht das Wahre ist, und es ganz aufgeben.

Dazugehören um jeden Preis?

Jeder Jugendliche kennt dieses Thema, oder? Die meisten Psychologen und Psychiater sind sich einig, dass wir in der Pubertät verstärkt an unserer Identität basteln, lernen, wer wir sind, wohin wir gehören und worauf wir unser Leben bauen wollen. Als ich Jugendlicher war, wollte ich einfach nur dazugehören. Ich wollte nicht, dass man mich als schwach oder unsicher sieht. Was habe ich also gemacht? Ich tat, als wäre ich jemand anderes. *Keine gute Idee, Nick.*

Ich versuchte dazuzugehören, indem ich anfing, zu fluchen und auf harten Kerl zu machen. Ich wollte bei den anderen Eindruck schinden. Dabei passte das überhaupt nicht zu mir. Ich kann mich nicht erinnern, bis zur Highschool überhaupt einen einzigen Kraftausdruck gehört zu haben. Und bei mir zu Hause gab es das erst recht nicht.

Meine Eltern haben mich und meine Geschwister gottesfürchtig erzogen. In jedem Lebensbereich spielte der Glaube eine Rolle. Meine Geschwister und ich wurden von der Welt manchmal sogar etwas abgeschottet; wir durften zum Beispiel nur christliche Radiosender hören.

Gott war sicher enttäuscht, als er plötzlich derbe Sprüche aus meinem Mund hörte, aber er sah bestimmt auch, dass ich ziemlich auf verlorenem Posten stand. Die ersten Wochen in der Schule waren der reinste Augenöffner. Alle benutzten Kraftausdrücke! Jedenfalls war das mein Eindruck. Es flogen so viele Schimpfwörter durch die Schulflure, dass ich mich schon fragte, ob sie vielleicht doch gar nicht so schlimm waren. Ich hatte das Gefühl, eine ganz neue Sprache zu entdecken.

Nach einer Weile war ich davon überzeugt, dass Jugendliche nun mal so redeten. Ich wollte nichts lieber sein als normal, cool und ein rauer Kerl, also warf ich den alten Nick über Bord und wurde zu Nick, dem Großmaul.

Ich fing an, mit Kraftausdrücken um mich zu werfen, weil ich Angst hatte, nicht dazuzugehören.

Jeder möchte akzeptiert und angenommen werden, aber sich dafür von seinen Werten und Überzeugungen zu verabschieden, halte ich für keine gute Idee.

Ich legte mein altes Ich ab in der Hoffnung, dass mich dann niemand mehr ablehnt. Verrückt, oder? Natürlich passen wir uns alle ein wenig an, um mit unseren Mitmenschen klarzukommen. Bis zu einem gewissen Grad muss man auf die Bedürfnisse derjenigen reagieren, mit denen man Kontakt hat. Das gehört nun mal zum Leben in Gemeinschaft dazu.

Dazugehören um jeden Preis ist aber die falsche Strategie. Man sollte dafür nie Dinge tun, von denen man überzeugt ist, dass sie falsch sind. Verstelle dich nicht, um dazuzugehören. Du hast auch so schon einen Platz auf dieser Welt.

Mein Gegenvorschlag: Fühl dich so wohl in deiner Haut, dass sich andere bei dir wohlfühlen. Bau an deinem Lebenstraum, bis du so glücklich bist, dass andere an deinem Glück teilhaben wollen.

Maske ab

Eine ganze Weile machte ich das Spiel mit und tat so, als wäre ich einer von den „Coolen". Ich weiß nicht, warum gerade Fluchen als cool angesehen wurde, aber ich hatte es bald drauf. Wir Jugendlichen hatten unsere ganz eigene Sprache, und das gab uns das Gefühl, unabhängig und erwachsen zu sein.

Zugleich fühlte ich mich aber schuldig, den jedes Mal, wenn ich einen Kraftausdruck vom Stapel ließ, widersetzte ich mich den Regeln meiner Eltern. Dabei hatte ich überhaupt keinen Grund, ihnen die Stirn zu bieten. Sie liebten mich und wollte nur das Beste für mich. Das war mir stets klar, auch damals.

Vielleicht versuchte ich unbewusst, mich von ihnen abzunabeln. Diese kleinen Revolten gehören zum Erwachsenwerden dazu, auch wenn es wohl nur wenige Eltern gibt, die sich auf diese Phase freuen.

Als Kind bekommt man gesagt, was man wann zu tun hat. In der Pubertät kämpft man mehr oder weniger stark um seine Unabhängigkeit. Das ist ganz normal. Das Problem ist nur, dass man als Jugendlicher noch nicht unabhängig ist. Man wohnt noch im Hotel Mama. Die Eltern bezahlen das Essen, die Klamotten und alles andere, und deshalb erwarten sie auch, dass man sich an ihre Regeln hält.

Diese Schlacht tobt seit Menschengedenken, aber wenn man versucht, mit etwas Verständnis an die Sache heranzugehen, und nicht nur emotional reagiert, muss es nicht in einen Atomkrieg ausarten. Ich hatte Glück, dass meine Eltern immer das Beste für mich wollten, selbst wenn wir nicht einer Meinung waren. Dafür hatten meine Eltern einen ziemlich starken Beschützerinstinkt. Das kann ich ihnen nicht verdenken, aber ich war weitaus risikofreudiger als sie.

Als ich mein Arsenal an Kraftausdrücken aufstockte, fühlte ich gleichzeitig, dass das nicht zu mir passte. Ständig fand dieses innere Streitgespräch statt: *Wieso redest du auf einmal so? Was soll das?* Und der harte Nick antwortete: *Ich bin cool wie alle anderen auch. Ich tue ja nur so. Das muss eben sein, wenn man dazugehören will.*

Ich versuchte, mein negatives Handeln durch positive Argumente zu rechtfertigen. Und ich legte mir eine Maske zu. Dass mir der „gute" Nick zuflüsterte, ich sei überhaupt nicht mehr authentisch, ignorierte ich. Schließlich wollte ich einfach nur den Tag überstehen, ohne die Zielscheibe für Hänseleien zu sein oder als der „behinderte Nick" dazustehen.

Schall und Rauch

Je länger man sich verstellt, desto schwerer wird es, zum Original zurückzukehren. Als ich mir selbst untreu wurde, bekam ich plötzlich Probleme in meinen Beziehungen, mit meinen Leistungen in der Schule und meinem Selbstwertgefühl. Irgendwann musste ich mir ein paar Fragen von mir selbst gefallen lassen. *Wie willst du zu dir selbst ehrlich sein, wenn du alle anderen belügst?* Es dauerte noch einige Zeit, aber dann hatte ich die Fassade satt. Ich machte Inventur und fragte mich: *Wie lange willst du dieses Spiel noch spielen? Wie lange hältst du das noch durch? Was denken deine Eltern, wenn du dich so aufführst? Und wem willst du wirklich gefallen – denen, die dich lieb haben, oder denen, die dich für ihre Zwecke missbrauchen?*

Nach außen hin fluchte ich und tat so, als wäre ich ein anderer. Innen drin wollte ich immer noch ein „Guter" sein, nur passte mein Verhalten nicht dazu. Und die Leute beurteilen einen nach dem, was sie sehen.

Zu cool für Gott?

Eine ganze Zeit lang passte mein Verhalten nicht zu meinen Überzeugungen. Und das Fluchen war nur ein Teil davon. Ich zeigte damals auch denjenigen um mich herum, die Christinnen und Christen waren, die kalte Schulter. Es gab einige in meiner Schule und sie trafen sich immer freitags während der Mittagspause zu einem Gebetskreis. Viele waren sie nicht, und sie mussten einige hämische Kommentare ertragen. Manche nannten sie Holy Rollers oder Jesus Freaks.

Ich fand sie eigentlich wirklich nett und bewunderte sie insgeheim dafür, dass sie zu ihrem Glauben standen, aber bei ihrem Gebetskreis ließ ich mich nie blicken. Als mich einer darauf ansprach, meinte ich, ich würde lieber mit normalen Leuten herumhängen. Ich fühlte mich bei dieser Antwort sehr unwohl und hatte noch lange daran zu knabbern. Natürlich hatte das seinen Grund. Auch hier war ich meinen Werten, Überzeugungen und mir selbst untreu. Zum Teil lag es wie gesagt daran, dass ich unbedingt akzeptiert sein wollte. Zum Teil hatte ich aber auch Angst, öffentlich als Christ aufzutreten. Ich wollte nicht Holy Roller oder Jesus Freak genannt werden. Meine größte Angst war, in eine Schublade gesteckt und von meinen nichtchristlichen Freunden gemieden zu werden.

Eine gewisse Zeit hält man es aus, nicht authentisch zu sein, aber nicht ewig. Irgendwann fällt einem eine dieser Masken und kleinen Lügen auf die Füße. Man zahlt einen Preis dafür. In meinem Fall holte es mich ein, als ich zu Hause über die Stränge schlug.

Mir rutschte ein Kraftausdruck raus, und meiner Mutter fiel die Kinnlade herunter.

„Was hast du da gesagt?"

„Oh, tut mir leid! Entschuldigung! Ich weiß nicht, wieso mir das rausgerutscht ist."

Fluchen passte so wenig zu mir, dass meine Mutter zuerst gar nicht wusste, was sie mit mir anfangen sollte. Sie war völlig perplex. Ich glaube, sie nahm mir das Versprechen ab, das nie wieder zu sagen, und nach ein paar ernsten Wörtchen beließ sie es dabei. Für mich war dieser Lapsus aber ein weiteres Signal dafür, dass da bei mir eine gewaltige Schieflage herrschte.

Die Zunge, dieses ungezogene Ding

Ich hielt mich eigentlich für einen bekehrten Christen, aber das Sprechzentrum im Gehirn schien das nicht mitbekommen zu haben.

Sosehr ich auch versuchte, die Kraftausdrücke aus meinem Vokabular zu tilgen, sie rutschten mir immer wieder heraus. Zu Hause hatte ich mich irgendwann unter Kontrolle, aber in der Schule war das F-Wort so gang und gäbe, dass es mir schwerfiel, nicht in FSK-16-Sprech zu verfallen. Nur allmählich machte ich Fortschritte. Immerhin, der Wechsel meines Vokabulars entging meinen Freunden Scott und Reese nicht, und sie sprachen mich darauf an.

„Ich will nicht mehr fluchen", erklärte ich.

„Wieso das denn?"

„Ich bin eben anders erzogen worden. Fluchen gehört sich nicht in einem christlichen Elternhaus. Gott hat was gegen Kraftausdrücke."

Ob sie anderer Meinung waren, weiß ich nicht, jedenfalls dachten sie sich sofort Alternativen für mich aus.

„Mach doch Folgendes", sagte Scott. „Anstelle des F-Worts sagst du ab jetzt immer ‚Fruchtkompott'!"

Anfangs erschien mir das ziemlich abwegig, aber Untersuchungen haben gezeigt, dass Schimpfwörter mit hartem Konsonanten am Ende irgendetwas im Gehirn ausschütten, das wie ein emotionales Ventil wirkt. Also ließ ich mich auf das verrückte Experiment ein und adoptierte „Fruchtkompott" in meinen Schimpfwortkatalog.

Aber es funktionierte nicht. Ich musste dabei an labberigen Nachtisch denken, und außerdem war das Wort zu lang. War ich erst einmal bei *Kompott* angekommen, war die Situation schon vorbei. Scott schlug vor, ich solle doch „Flohsack" sagen, aber ich beschloss, lieber einen radikalen Schnitt zu machen und gar nicht mehr zu fluchen.

Doch das gestaltete sich schwieriger, als ich dachte. Es war bereits zur Gewohnheit geworden. Immer wieder rutschten mir Schimpfwörter heraus, aber nach und nach legte ich den Sumpf in mir trocken. Mit sechzehn schaffte ich es elf Monate und drei Wochen ohne einen einzigen Kraftausdruck. Ja, ich habe die Tage gezählt. Ich wollte unbedingt mein lockeres Mundwerk festzurren, aber dann hatte ich einen ziemlich heftigen Rückfall, als mich etwas auf die Palme brachte.

Ich missbrauchte sogar Gottes Namen in meiner Schimpftirade, und alle, die es hörten, waren erschrocken – vor allem ich. Was genau der Auslöser war, mich nach so langer Zeit zu vergessen, weiß ich nicht mehr, aber ich fühlte mich danach einfach nur schrecklich. Also streckte ich die Waffen und wandte mich an Gott. Ich bat ihn, mich endlich von meiner schlechten Angewohnheit zu befreien.

Falls du dich je gefragt hast, ob Gott tatsächlich vergibt, lege ich dir 1. Johannes 1,9 ans Herz. Dort steht: „Wenn wir aber unsere Sünden bekennen, dann erfüllt Gott seine Zusage treu und gerecht: Er wird unsere Sünden vergeben und uns von allem Bösen reinigen." Genau das tat Gott bei mir: Nachdem ich um Verzeihung und um seine Hilfe gebeten hatte, bereinigte er meinen Wortschatz. Ich war sehr dankbar dafür – und tat mein Bestes, um nicht wieder in einer Umgebung zu landen, wo Fluchen an der Tagesordnung war.

Die „coolen" Kids, beschloss ich, waren doch nicht so cool, und ich kehrte zu meinem alten, christlichen Freundeskreis zurück. Sie trugen es mir nicht nach, dass ich abtrünnig geworden war. In ihrer Gegenwart kam ich mir nicht mehr wie ein Hochstapler vor. Es fühlte sich ganz natürlich an, und jetzt machte es mir nichts mehr aus, wenn mich irgendjemand als Jesus Freak betitelte.

Kaum war ich in Kreisen unterwegs, wo ich mich angenommen und wohlfühlte, passierte etwas Erstaunliches: Plötzlich konnte man den Eindruck haben, *jeder* wollte mein Freund sein! Sogar fast alle Tyrannen ließen von mir ab. Als ich mit dem Versteckspiel aufhörte und einfach dazu stand, dass ich nun mal Christ war, akzeptierten mich die meisten, waren freundlich und manchmal sogar neugierig, mich näher kennenzulernen.

Ich bin sehr dankbar für meine alten Freunde von damals, die immer für mich da waren. Bei ihnen konnte ich einfach ich selbst sein, und im Lauf der Jahre wuchsen wir immer enger zusammen. Sie sind ein Grund dafür, dass es mir immer besser gelang, mit den Hänseleien umzugehen.

Dein wahres Ich

Damals wurde mir klar, dass es enorm wichtig ist, ehrlich *zu* sich selbst und über sich selbst zu sein. Als mich meine neuen alten Freunde so annahmen, wie ich war – der armlose, beinlose, bibelvernarrte Nick –, machte mein Selbstwertgefühl einen Sprung nach oben, und das wiederum zog andere Leute an.

Ich war einem Denkfehler aufgesessen. Seitdem weiß ich: Man

muss nicht anders werden, um cool zu sein. Als Jugendlicher ist man oft sehr kritisch mit sich selbst, und dementsprechend auch mit anderen. Man steckt Leute lieber in Schubladen, anstatt ihnen Gelegenheit zu geben, sich so zu zeigen, wie sie sind. Dabei hat jeder von uns eine Vielzahl von Interessen, Eigenschaften und erlebt unterschiedlichste Stimmungen. Man sollte niemanden in eine Schublade stecken, vor allem nicht sich selbst.

Ich beschloss, dass es mir wichtiger war, Gott zu gefallen, als der angesehene Typ in der Schule zu sein. Plötzlich hatte ich inneren Frieden. Meine Maskerade war beendet.

Ich verurteilte andere nicht mehr so schnell und wurde toleranter. Ich habe gelernt: In jedem Lebensbereich ist es enorm wichtig, mit sich selbst im Reinen zu sein, von seinen Werten überzeugt zu sein und einen Sinn im Leben zu sehen. Damit wird man deutlich resistenter gegen Mobbing.

Aber wie baut man eine starke und stabile Identität auf? Woher kommt das Selbstvertrauen? Wie wird man zielstrebig? Fast jeder erlebt in jungen Jahren eine Identitätskrise und fragt sich, wo sein Platz im Leben ist. Wenn du das schon durchhast, gräme dich nicht. Das ist eine ganz normale menschliche Erfahrung. Und wenn du das noch nie erlebt hast, ist das auch kein Grund zur Sorge. Jeder ist anders und hat seine eigene innere Uhr.

Wo die Antwort liegt

Vielleicht wälzt du auch gerade jetzt die großen Fragen des Lebens. Wer bin ich? Wohin gehöre ich? Wohin will ich? Das ist gut; es zeigt, dass du immer reifer wirst und dich auf die nächsten Lebensphasen vorbereitest. Aber wo findet man die Antworten?

Eins kann ich dir versichern: Du trägst alle Antworten bereits in dir. Keine Angst, wenn du sie nicht alle gleich findest. Manche Antworten brauchen Zeit, um sich zu entfalten und zu zeigen. Im

Augenblick ist nur wichtig: Lass deinen Wert und wer du bist, von niemand anderem bestimmen. Wenn du mich fragst, ist es kein Zufall, dass du existierst. Gott hat dir ein einzigartiges Paket aus vielen Elementen geschnürt: aus deinem Aussehen, deinen Talenten, deinem Herzen, deinem Köpfchen und so weiter. All das macht dich zu einem Unikat und zu etwas Besonderem.

Natürlich haben wir auch Schwächen. Bei manchen von uns fehlen vielleicht sogar ein paar Bauteile – so wie bei mir.

Mein Rat ist daher: Bau deine Stärken aus. So macht es dir weniger aus, wenn jemand sich deine Schwächen vorknöpft!

Wenn du selbst von deinem Wert überzeugt bist, kann ihn dir niemand anderes absprechen. Wenn du weißt, dass Gott dich liebt und so wollte, wie du bist, dann kann dir niemand etwas anderes einreden.

Dass wir nicht immer gut gelaunt und fröhlich sind, steht auf einem anderen Blatt. Und dass wir Fehler machen, auch. Jeder von uns fällt ab und zu auf die Nase. Oder man wird von seinen Unsicherheiten geradezu verfolgt.

Als Jugendlicher hatte ich ab und zu ziemlich große Pickel auf der Nase. Da war ich nun, keine Arme, keine Beine, aber dafür jede Menge Pickel! Manche waren so groß, dass ich das Gefühl hatte, sie würden mir die Sicht nehmen. Was habe ich an diesen Tagen vor dem Spiegel gehadert! Erst als ich mich förmlich dazu zwang, etwas Gutes an mir zu entdecken, fand ich den Mut, um in den Tag zu starten.

„Ich habe schöne Augen", sagte ich mir selbst. „Das sagen die Leute immer. Das stimmt jetzt, und damit basta."

Ein guter Ansatz!

Übrigens: Meine größte Angst war damals, dass mir jemand am nächsten Tag Augenringe attestieren würde. Dann wäre auch das letzte Positive noch ruiniert gewesen.

Teenager gehen oft sehr hart mit sich selbst ins Gericht. Man vergleicht sich mit den Klassenkameraden oder Freunden und fragt sich: Warum kann ich nicht so groß sein wie er oder so hübsch wie sie oder etwas beliebter, sportlicher oder schlauer? Mit sich selbst kritisch sein, das können wir alle gut. Warum können wir uns nicht auch selbst aufbauen?

Während meiner Schulzeit gab es Phasen, da steckte ich einen Rempler, einen Kommentar und einen Treffer nach dem anderen ein. Ich ließ den Kopf hängen und bedauerte den armen, kleinen Nick. Und dann kam plötzlich jemand vorbei und meinte: „Hey Nick, siehst gut aus heute!" oder: „Dein Vortrag war richtig gut vorhin!"

Ein einziges nettes Wort oder ein kleiner Zuspruch veränderte oft meinen ganzen Tag. Wochenlang zehrte ich von solchen Komplimenten und nutzte sie, um nicht immer nur Trübsal zu blasen. Ist es nicht verrückt, dass uns oft ein einziger gemeiner Kommentar völlig aus der Bahn wirft? Warum konzentrieren wir uns nicht lieber auf das Gute, auf Komplimente und das, was wir gut können?

Hier kommt mein Vorschlag für den ersten, einfachen Schritt zur Installation deines Anti-Mobbing-Systems: Sei dein eigener Freund. Vergib dir deine Fehler, deine Schwächen und die Male, wo du versagt hast. Sei nett zu dir selbst. Richte dein Augenmerk auf das Gute.

Was hast du zu verlieren? Eine Einstellung der Selbstannahme und -liebe wird dich enorm nach vorn bringen. Du wirst mutiger, widerstandsfähiger, ein dickes Fell entwickeln, glücklicher, positiver ins Leben schauen und liebenswerter werden. Um diesen Prozess anzustoßen, notiere einige deiner Stärken und Erfolge auf ein Blatt Papier. Mach eine Liste von den Dingen, die du gut kannst oder für die du von anderen Komplimente bekommen hast. Schreibe dazu, was du schon erreicht hast, welche Probleme du allein lösen konntest, was du alles schon repariert hast, auf welche Entscheidungen du stolz bist, was du selbst gebaut hast, welche Risiken sich ausgezahlt haben und wem du schon einmal helfen konntest, egal ob Mensch oder Tier.

Sei dein eigenes Wunder

Eins meiner Grundprinzipien lautet: Wenn kein Wunder passiert, sei selbst eins! Nicht selten war ich als Jugendlicher deprimiert. Was mir dann half, war, meine Probleme Probleme sein zu lassen und jemand anderem zu helfen. Es hat mir so gut getan, anderen etwas Gutes zu tun. Ich bin viel stärker dadurch geworden – stark genug, um das Negative oder Verletzende an mir abprallen zu lassen.

Ein junger Mann namens Michael schrieb mir eine E-Mail. Seine Geschichte ist ein Zeichen dafür, was für ein Segen es sein kann, anderen zum Segen zu werden.

Ich war ein Frühchen und wurde mit einem verkrüppelten Fuß und einer schwachen Lunge geboren. Leider konnte ich nicht besonders gut atmen und musste zehn Mal an der Lunge und am rechten Auge operiert werden. Aber Gott sei Dank bin ich noch am Leben ... Ich versuche, das Beste aus meiner Situation zu machen. Am Los Medanos College lasse ich mich zum Assistenzlehrer an der Sonderschule ausbilden. Schülern mit besonderen Lernbedürfnissen zu helfen, das ist mein Traum.

Früher bin ich oft gehänselt worden. Ich habe ziemlich viel dummes Zeug ausprobiert und mich an irgendwelche Leute gehängt, um mich nicht mit meinen Problemen beschäftigen zu müssen.

Heute kann ich mir und anderen vergeben und lasse mich nicht mehr so leicht unterkriegen. Ich lasse mich auch nicht mehr von meinen alten Gewohnheiten versklaven. Mit Freunden aus der Kirche habe ich viel in der Bibel gelesen und einiges über Gott, mich und mein Leben gelernt. Zu Ostern am 4. April 2010 habe ich mich entschieden, ein neues Leben mit Gott anzufangen und mich taufen zu lassen.

Sitzt dir jemand im Nacken und macht dich fertig? Oder fällt es dir schwer, dich als wertvoll zu sehen? Dann arbeite einmal als Freiwilliger in einer Sozialstation, einer Einrichtung für Behinderte oder in einem Obdachlosenheim mit. Frag in deinem Bekanntenkreis, deine Lehrer oder einen Pastor nach einem Ort, wo du etwas beitragen und bewirken kannst. Ich wette, du wirst hinterher für die Erfahrung dankbar sein. Wahrscheinlich wirst du dich auch in deiner Haut wohler fühlen, und das wiederum wird dir emotionale Stärke verleihen.

Wenn du das Gefühl hast, in deinem Leben noch nicht wirklich viel erreicht zu haben, dann stecke dir ein paar vernünftige Ziele und arbeite Schritt für Schritt darauf hin. Und wenn du etwas erreicht hast, dann genieße den Augenblick. Belohne dich ruhig einmal. Freu dich an dem, was du geschafft hast, und dann leg die Messlatte ein Stück höher.

Hast du einmal dein Selbstvertrauen und deine Kompetenzen auf einem guten Niveau, ruh dich nicht darauf aus. Steck dir neue Ziele! So habe ich es immer gehalten.

Oft bin ich dabei auf die Nase gefallen, sogar wortwörtlich. Auch du wirst nicht automatisch nur Erfolge haben, aber solange du dich weiter nach oben ausstreckst, wirst du solche Situationen bewältigen, die dich nach vorn bringen.

Unser erstes Ziel ist es zwar, dich mobbingresistent zu machen, aber mit jedem Stückchen Selbstvertrauen wird auch deine generelle Fähigkeit wachsen, mit Rückschlägen und Herausforderungen umzugehen.

Denk dran:

- Sobald du weißt, wer du bist und dich in deiner Haut wohl-fühlst, kann dir niemand mehr so leicht deine Sicherheit und Lebensfreude nehmen.
- Du bist kein Zufallsprodukt, und das bedeutet: Du bist wertvoll und hast eine Zukunft mit ungeahntem Potenzial vor dir.
- Wenn du dich selbst lieben und annehmen kannst, wirst du stär-ker und widerstandsfähiger gegen Mobbing. So kannst du Tag für Tag daran arbeiten, ein noch besserer Mensch zu werden.

3 — Ab aufs Spielfeld

Übernimm die Kontrolle über dein Leben

Als junger Teenager hatte ich praktisch keine Panzerung gegen Mobbing. Jede Stichelei drang bis in mein Innerstes und sorgte dafür, dass ich mich wertlos fühlte. Ich tat mir selbst leid. Das merkte mein Onkel John und machte meiner Selbstmitleidsorgie ein Ende.

„Nick, niemand kann aus dir einen anderen Menschen machen", sagte er. „Man kann sich die Zunge rausschneiden, die Augen auskratzen und die Ohren zustopfen, aber trotzdem ist man innen drin immer noch derselbe. An dein Herz und deine Seele kommt niemand heran."

Danke, Onkel John. Genau das brauchte ich!

Ich glaube, er wollte mir sagen, dass ich für mein Glück und meinen Selbstwert selbst verantwortlich war. Dass die anderen von selbst aufhörten, mich zu hänseln, darauf konnte ich lange warten. Das wird bei dir wohl nicht anders sein. Aber du hast in der Hand, ob ihre Angriffe dich verletzen oder nicht. Du kannst entscheiden, deine Sicht auf dich selbst nicht von ihnen madigmachen zu lassen.

Wenn du das nächste Mal mit Mobbing konfrontiert bist, sage dir selbst: *Ihr könnt mir schlimme Dinge an den Kopf werfen, aber an das hier drin, da kommt ihr nicht ran. Wegen euch fühle ich mich nicht schlecht, basta. Ich weiß, wer ich bin, und dafür brauche ich niemand anderen.*

Dein Do-it-yourself-Glück

Du solltest dein Leben wie eine Art Do-it-yourself-Projekt ansehen, zumindest was dein Glück und Selbstvertrauen betrifft. Ich meine damit: Tu deinen Teil! Übernimm das Steuer und die Verantwortung. Hol das Meiste aus deinen Talenten heraus. Baue deine Stärken aus und arbeite an deinen Schwächen. Sei nicht arrogant, sei nicht egoistisch, aber habe auch eine gesunde Portion Liebe für dich selbst übrig. Wenn du mit einer positiven Energie an dein Leben herangehst, ziehst du einerseits Menschen an, die dich unterstützen – und zugleich entziehst du denen die Grundlage, die dir schaden wollen.

Sich selbst zu lieben und anzunehmen wird viel leichter, hat man einmal die Verantwortung für sein Glück und seinen Erfolg übernommen.

Das habe ich zwar schon als Kind gelernt, aber ich muss mich angesichts von Schwierigkeiten immer wieder daran erinnern. Auch bei dir wird das Thema nicht mit einem Entschluss gegessen sein. Sieh dich selbst als dein eigener Trainer. Erinnere dich an frühere Erfolge und nutze sie als Kraftquelle, wenn du von anderen infrage gestellt wirst. Sei dankbar dafür, dass du deine Reaktion auf Ereignisse in deinem Leben selbst steuern kannst! Das ist so, als hättest du Superkräfte. Du kannst sogar aus schlechten Dingen noch Lernerfahrungen machen, von denen du später profitierst.

Wenn mir als Kind eins nicht fehlte, dann Entschlossenheit. Meine Eltern und Geschwister merkten früh, dass es oft das Beste war, „Nick einfach machen zu lassen". Sie verhätschelten mich nicht, und ich bin ihnen sehr dankbar dafür – zumindest heute.

Als Kind hätte ich mich gern einmal nach Strich und Faden verwöhnen lassen oder als kleiner Prinz aufgeführt, aber so weit ließ meine Familie es nie kommen. Ich bekam keine Extrawurst, nur weil ich keine Gliedmaßen hatte. Das hat mir geholfen, mir etwas zuzutrauen und ein selbstständiger Mensch zu werden.

Meine Eltern unterstützen mich heute noch mit Wort und Tat, aber sie lassen nie zu, dass ich in Selbstmitleid bade oder meine Pflichten vernachlässige. Als Junge musste ich wie meine Geschwister im Haushalt helfen. Ich musste mein Bett machen, mein Zimmer aufräumen und sogar Staub saugen! Wenn ich mich darüber beschwerte, dass ich es ja viel schwerer hatte – was objektiv gesehen auch stimmt –, meinten meine Eltern nur, ich solle mir etwas einfallen lassen. Ich weiß nicht, ob ich es als liebevolle Strenge bezeichnen würde, aber auf jeden Fall wollten meine Eltern, dass ich dem Leben nicht schutzlos ausgeliefert war.

Auch meine Verwandtschaft behandelte mich ganz normal. Meine Cousins und Cousinen machten zwar ab und zu Scherze auf meine Kosten, aber immer liebevoll. Ich konnte damals manchmal nicht begreifen, warum meine Eltern darauf bestanden, ich müsse alles allein schaffen, aber heute weiß ich es und bin dankbar dafür. Sie hatten einen Sohn im Rollstuhl, aber ich sollte trotzdem auf eigenen Beinen stehen.

Je älter ich wurde, desto mehr wollte ich das auch. Ich hasste es, von anderen abhängig zu sein, und war stolz auf alles, was ich mir erarbeitete. Meine Eltern unterstützten mich und tüftelten mit mir gemeinsam aus, wie ich allein das Licht einschalten, Zähne putzen oder mir die Haare kämmen konnte. Diese kleinen Siege über meine Behinderung gaben mir Kraft für die größeren Herausforderungen – aber ich musste lernen, wie ich sie anzapfen konnte.

Als Kind ist man auf seine Eltern angewiesen. Selbst als Jugendlicher müssen die Eltern meist noch für Essen, die Wohnung, die Monatskarte und das Taschengeld sorgen. Man steht finanziell noch nicht auf eigenen Beinen. Deswegen kann man auch nicht mal eben in ein Penthouse oder ein Ferienhaus am Strand ziehen. Auch als Erwachsener mit eigenem Gehalt liegt vieles nicht in unserer Hand.

Die gute Nachricht dabei ist: Auch wenn manches im Leben uns einfach zustößt – Mobbing, Krisen, Krankheiten oder Schwierigkeiten zu Hause –, wir können immer entscheiden, ob wir positiv oder negativ darauf reagieren.

Egal, wo ich bin, ob im sonnigen Kalifornien, in Südamerika oder in China, immer werde ich gefragt, wieso ich mit so einer schweren körperlichen Behinderung so fröhlich sein kann. Dann antworte ich: Ich habe beschlossen, mich auf die guten Dinge im Leben zu konzentrieren.

Das ist alles eine Frage der Einstellung. Man kann angesichts von Mobbing im Selbstmitleid versinken und sich in seine Opferrolle fügen, oder man begreift, dass jeder selbst entscheiden kann, wie er darauf antworten will – und reagiert dementsprechend. Als Kind und Jugendlicher hat man noch nicht so viel Kontrolle über sein Leben wie ein Erwachsener, aber man kann trotzdem jederzeit sein Verhalten steuern.

Wenn das Wort Mobbing fällt, denken die meisten daran, wie jemand von anderen schikaniert, herumgeschubst oder ausgegrenzt wird. Aber es gibt noch andere Formen davon, wie Menschen schikaniert und gequält werden – sozusagen die Verwandten von Mobbing: so z. B. religiöse Verfolgung, Leben in einer Diktatur, Zwangsprostitution oder körperlicher und sexueller Missbrauch.

Sogar Krankheiten und Behinderungen können eine Art Mobbingeffekt haben, weil sie die persönliche Freiheit einschränken und versuchen, deinem Leben Grenzen zu setzen. Melissa brachte dies in einer ergreifenden E-Mail zum Ausdruck:

Ich komme aus einer englischen Kleinstadt. Ich habe zwei seltene Krankheiten – Dystonie, eine neurologisch bedingte Bewegungsstörung, und ein komplexes regionales Schmerzsyndrom, CRPS. Mit einer Haarfraktur im Knöchel fing es an, und mittlerweile sitze ich im Rollstuhl. Ich kann nicht mehr laufen, und zu neunzig Prozent werde ich mein rechtes Bein vom Knie abwärts verlieren. Dass ich an Dystonie leide, kam erst heraus, als ich mir den Knöchel brach. Die Bewegungsstörung war die Ursache dafür, und kaum war sie ausgelöst, fing das mit dem CRPS an. Eigentlich wollte ich ja Physiotherapeutin werden, aber ich musste die Ausbildung abbrechen. Tja, am Ende machte ich doch Physio … jede Woche, fünfzehn Monate lang, und noch mal jeden Tag zweimal 30 Minuten zu Hause. Und was hat es gebracht? Die Physiotherapie hilft mir überhaupt nicht, und ich muss jetzt zu den „besten" Ärzten, um zu sehen, ob man meine Hüfte und mein linkes Bein noch retten kann. Wie dem auch sei … Als mir klar wurde, dass ich damit mein Leben lang zu tun haben würde, habe ich beschlossen, für andere da zu sein und sie zu inspirieren, so wie Nick. Ich weiß, dass Nick an Gott glaubt (ich tue das nicht, aber ich respektiere es), ich jedenfalls glaube an Nick. Er gibt mir einfach Kraft. Ich habe mit Psychologie im Selbststudium angefangen, und ich will noch lauter andere Fächer lernen. Ich habe eine Webseite über meine Krankheit gemacht und schreibe einen Blog. Schon jetzt sagen mir die Leute, dass ihnen das etwas bringt, aber das reicht mir nicht – ich möchte sie begeistern. Ich schreibe auch Tagebuch, damit ich später noch einmal zurückgehen, darüber nachdenken und Kraft schöpfen kann.

Noch bin ich keine Inspirationsquelle, aber eines Tages, hoffentlich, werde ich anderen Menschen helfen können und meine Mom stolz machen. Denn wenn ich eins im Leben möchte, dann dass jemand zu mir kommt und sagt: „Wegen dir habe ich nicht aufgegeben."

Ist das nicht großartig? Aber eine Sache stimmt in Melissas Brief nicht. Sie ist schon jetzt eine Inspirationsquelle. Ihre Geschichte spornt mich an, noch besser zu werden, und damit hat sie bereits das Leben eines Menschen verändert!

Die Macht der Entscheidungen

Melissa hat Verantwortung für ihr Leben übernommen. Sie klingt sehr weise und reif, oder nicht? Ich wünschte, ich hätte damals in der Schule schon ihre Reife gehabt. Sagte damals jemand etwas

Abfälliges über mich, hat es mich sofort verletzt. Nannte einer mich ein Monster, sah ich mich als Monster. Meinte einer zu mir, ich würde nie eine Freundin finden, glaubte ich ihm aufs Wort.

Ich war damals alles andere als stark, eher wie so ein Kartenhaus. Ich hatte das mit der eigenen Verantwortung einfach noch nicht verstanden, und deswegen fiel ich in tiefer Verzweiflung zusammen und konnte den Selbstmordgedanken nichts entgegensetzen. Nur wegen ein paar blöder Typen war ich davon überzeugt, ein hoffnungsloser Fall zu sein, und wollte mich umbringen. Ein anderes Mal ließ ich mich so sehr anstacheln, dass ich mich auf dem Spielplatz prügelte.

Erst in der Highschool wurde ich allmählich schlauer. Die Hänseleien verletzten mich zwar immer noch und machten mich wütend. Aber nach und nach lernte ich, kontrollierter darauf zu reagieren. Anstatt selbst auszuteilen oder mich als Heulsuse zu verkrümeln, ging ich überlegter an solche Situationen heran. Ich versuchte, mich in meinen Widersacher hineinzudenken. Obwohl das nicht immer klappte. Manchmal begreift man einfach nicht, wieso jemand so handelt. Manchen geht es wohl nur um den Spaß am Gemeinsein, oder sie haben Probleme mit sich selbst.

Bitte, lass dich niemals von solchen Leuten zu irgendetwas drängen! Nimm selbst das Ruder in die Hand. Reagiere auf die ausgelegten Köder auf die Art, die dir am meisten bringt – nur schluck sie nicht!

In der Grundschule tat ich genau das: Ich schluckte den Köder mitsamt Haken und Schwimmer. Und meine Widersacher konnten mit einem Ruck mein ganzes Inneres zerreißen. Mach nicht denselben Fehler. Die Verletzungen sind enorm – und genau das wollen die anderen erreichen.

Nachdem ich die Lüge geschluckt hatte, ich sei ein wertloses Monster ohne Zukunft, kostete sie mich fast das Leben. Lügen können töten, aber nur, wenn man sie bis ins Innerste vordringen lässt. Wehre dich dagegen. Reserviere diesen Platz für die Wahrheit. Du bist ein wertvoller Mensch, der auf dieser Erde seinen Platz hat!

Du wirst von jemandem geliebt, und deine Zukunft muss überhaupt nicht düster sein. Und dein Wert hängt auch nicht von deiner äußeren Erscheinung ab. Sondern davon, was du im Herzen trägst.

Als Kind fühlte ich mich oft ziemlich ohnmächtig. Die Erwachsenen hatten Macht, Kinder nicht. Lehrer hatten Macht. Dabei lag meine Macht stets bereit, auf „Stand-by", ich wusste es nur nicht.

Wie macht man sich die Macht der Entscheidung zu eigen? Hier einige Vorschläge.

Schritt 1: Ran ans Lenkrad

Das meine ich natürlich im übertragenen Sinn. Du bist ja vielleicht noch nicht alt genug, um zu fahren. Aber selbst wenn, es geht hier nicht ums Autofahren; es geht um den Schalter im Kopf: „Ich bin am Steuer meines Lebens."

Wenn du glücklich und erfolgreich sein willst – wie auch immer du das definierst –, musst du deine Fähigkeit aktivieren, dir das Leben so zu bauen, wie du es willst. Eigentlich ist das ein ziemlich cooles Konzept. Es ist eine Art geheime Superkraft, die dich leitet und für eine Grundzufriedenheit sorgt – egal, was dir das Leben entgegenwirft.

> Es geht um den Schalter im Kopf:
> „Ich bin am Steuer meines Lebens."

David aus Portugal wurde mit Spina bifida, einem gespaltenen Rückgrat, geboren. Er schrieb mir, wie deprimiert er früher gewesen war, weil ihn die Leute so behandelten, als wäre er weniger wert als andere. Er war einige Zeit drauf und dran, aufzugeben, aber dann beschloss er, sich ans Steuer seines Lebens zu setzen … und seinen Wert nicht mehr von anderen Menschen bestimmen zu lassen. David stand zu seinen Träumen und nahm sich vor, das Positive zu sehen und stets positiv zu denken. Und das veränderte sein Leben.

„Ich versuche, immer ein Lächeln auf den Lippen zu haben, weil du das bestimmt auch so machst", schrieb David. „Ich hadere nicht mehr mit meinem Schicksal, auch wenn das ein ziemlicher Kampf war. Ich war schon ganz tief unten, bin zweimal dem Tod noch gerade so von der Schippe gesprungen, aber ich habe nie aufgegeben. Meine Mission, das ist dieses Lächeln. Das sollten die Menschen sich immer bewahren. Und das versuche ich ihnen zu sagen.

Ich habe Fehler gemacht im Leben, und es gibt genug zu bereuen. Aber ich kämpfe jetzt Tag für Tag dafür, ein besserer Mensch zu werden."

Ich kann dir nicht garantieren, dass dich ab sofort alle in Ruhe lassen oder immer eitel Sonnenschein herrscht, aber wenn du dir nicht mehr hineinreden lässt, was deine Selbstsicht betrifft, wirst du deutlich besser fahren als vorher.

Schritt 2: Such dir ein Ziel und mach dich auf den Weg

Wer fährt, hat es in der Hand, wohin die Reise geht. Willst du ein besseres Leben, musst du dafür Sorge tragen, die richtige Straße zu nehmen und dich nicht zu verfahren.

Ohne Fleiß kein Preis. Gib dich nicht mit weniger zufrieden, als du erreichen kannst. Setz dir realistische Ziele, habe realistische Erwartungen, und mach dich daran, sie zu erfüllen. Das Gute ist: Wenn du dich mit einem Ziel vor Augen hinters Steuer deines Lebens setzt, wird die Reise viel angenehmer. Und so leicht kann dich niemand mehr aus der Bahn werfen.

Schritt 3: Mach deinen Tank voll

Auftanken heißt herausfinden, was dir Energie verleiht, was deinen Motor zum Laufen bringt und dich vorantreibt, selbst wenn die Straße holprig ist oder du müde wirst. Bei Autos beschränkt sich der Treibstoff auf Diesel oder Benzin. Einige wenige fahren mit Elektro- oder Hybridantrieb. Bei Menschen gibt es da schon eine viel größere Bandbreite an Energielieferanten. Uns alle treibt natürlich bis zu einem gewissen Grad der Wunsch an, Geld zu verdienen. Jeder muss für sein Auskommen sorgen, klar. Aber manchen geht es nur darum. Ich weiß nicht, ob das der beste Antrieb ist, aber es ist wichtig zu wissen, was einen motiviert. Mich persönlich treibt der Wunsch an, die Welt mit meinen Fähigkeiten zu einem besseren Ort zu machen.

Es gibt gute Motivationsquellen und weniger gute. Manche führen über kurz oder lang in eine Sackgasse; andere erfüllen einen dauerhaft und haben positive Auswirkungen auch für andere. Wenn es dir nur ums Geldverdienen geht, fürchte ich, wirst du nie das wahre Glück finden. Willst du deine Talente zum Wohle anderer einsetzen, ist die Chance relativ hoch, dass sich eine Grundzufriedenheit bei dir einstellt. Ich spreche aus Erfahrung. Oft war bei mir das Geld ziemlich knapp, aber weil ich um die Welt reisen und anderen Menschen Mut machen konnte, hatte ich das Gefühl, alles zu haben, was ich brauchte.

Schritt 4: Leg einen Gang ein und gib Gas

Als ich Jugendlicher war, gammelte ich oft mit meinen Freunden herum. Unsere Gespräche liefen oft in etwa so:

„Wollen wir was machen?"

„Und was?"

„Keine Ahnung."

„Ins Kino gehen?"

„Ich weiß nicht. Hast du Bock?"

„Keine Ahnung. Du?"

So konnten wir stundenlang weitermachen, ohne je das Sofa zu verlassen, weil keiner eine Entscheidung treffen wollte. Wir kriegten einfach den Hintern nicht hoch und verplemperten Tag um Tag, taten nichts, erlebten nichts und erreichten nichts.

Möchtest du so dein ganzes Leben verbringen? Wohl kaum. Also solltest du einen Gang einlegen und aufs Gaspedal drücken. Herumsitzen und darauf warten, dass jemand anderes für dich entscheidet, das ist keine Lösung. Du musst die Entscheidungen treffen, und noch viel wichtiger, du musst sie *umsetzen*.

Der Nike-Werbeslogan lautet nicht ohne Grund: „Just do it!" Die Bibel formuliert es so: Glaube ohne Taten bedeutet nichts. Taten sagen mehr als Worte. Es ist toll, Träume zu haben, aber du wirst sie erst verwirklichen, wenn du in die Hände spuckst und loslegst.

Und was hat das mit Mobbing zu tun? Nun, was ist leichter zu treffen, eine bleierne Ente oder ein Hase auf der Flucht? Ein sich bewegendes Ziel wird viel seltener als Opfer auserkoren!

Schritt 5: Schau in den Spiegel und aufs Navi

Als ich noch jünger war und regelmäßig gehänselt wurde, fiel mir eines auf: Kaum fühlte ich mich in meiner Haut wohler, hatten meine Peiniger viel weniger Macht über mich. Und wann fühlte ich mich wohl in meiner Haut? Wenn ich meinen Werten treu war und mein Handeln dementsprechend umstellte. Ich hörte auf zu fluchen. Ich tat nicht mehr so, als wäre ich ein Schlägertyp. Ich redete offen über meinen Glauben. Wenn ich nun in den Spiegel blickte, sah ich einen Kerl, der ernsthaft danach strebte, ein besserer Nick Vujicic zu werden.

Genau das wünsche ich dir auch, natürlich ohne den Teil mit Nick Vujicic. Ich wünsche dir, dass du morgens in den Spiegel schauen kannst und weißt, du bist auf dem Weg. Niemand erwartet, dass du perfekt bist.

Jeder von uns erlebt Höhen und Tiefen. Manchmal kommen wir auf die schiefe Bahn. Das ist alles kein Problem, solange du in den (Rück)-Spiegel schaust und dir eingestehst, dass du es noch besser kannst. Sei nachsichtig mit dir selbst, aber auch ehrlich. Guck dich im Spiegel an und überlege, ob du dir schlechte Gewohnheiten zugelegt hast oder mit Leuten Zeit verbringst, die dich negativ beeinflussen.

Vergiss nicht, regelmäßig dein inneres Navi zu konsultieren. Bist du noch auf dem richtigen Weg? Kommt bei deiner aktuellen Fahrtrichtung am Ende das Leben heraus, das du dir wünschst? Manchmal muss man Umwege in Kauf nehmen. Oder man verfährt sich und muss sich erst einmal wieder zurechtfinden. Hauptsache, du prüfst hin und wieder, ob du noch in die richtige Richtung unterwegs bist. Nichts ist verhängnisvoller, als ziellos umherzuirren oder sich an jemandes Fersen zu heften, der ein ganz anderes Ziel hat als du.

Der Spiegel lügt nicht. Und das GPS-Signal auch nicht. Wenn du merkst, dass du dich herausredest, launisch bist oder selbstzerstörerisches Verhalten an den Tag legst, weißt du, dass es Zeit wird, den Kurs zu korrigieren.

Dass du auf dieser Erde leben kannst, ist ein Geschenk. Vergeude es nicht, sondern koste es aus!

Denk dran:

- Selbstvertrauen und Selbstannahme können wachsen, wenn du Verantwortung über dein Glück und dein Leben übernimmst.
- Du hast es in der Hand, positiv zu reagieren, selbst wenn du mit negativen Gefühlen und Mobbing zu kämpfen hast. Nutze diese Superkraft, um alle Angriffe an dir abprallen zu lassen!

4 — Weg mit dem Kartenhaus

Baue starke Mauern, die sich nicht so leicht erschüttern lassen

Meine Großeltern erlebten eine extreme Form von Mobbing in ihrem Heimatland Jugoslawien: Während des Zweiten Weltkriegs wurden sie wegen ihres Glaubens vom kommunistischen Regime verfolgt. Hunderttausende Serben wurden inhaftiert, ausgewiesen oder umgebracht. Meine Großeltern konnten nicht einfach den Gottesdienst besuchen; alles musste im Geheimen geschehen und in ständiger Angst, verhaftet oder getötet zu werden.

Nach jahrelanger Verfolgung flohen sie aus ihrer Heimat und wanderten mit anderen nach Australien aus, wo meine Eltern aufwuchsen, sich kennenlernten, heirateten und mich und meine Geschwister bekamen. Mobbing hat unsere Familiengeschichte und mein Leben stark beeinflusst.

Mobbing hat mich auf gewisse Art stärker gemacht.

Das klingt vielleicht komisch, aber Mobbing hat mich auf gewisse Art stärker gemacht. Wenn ich es kaum noch aushielt, dachte ich an meine Großeltern und wie sie selbst unter Lebensgefahr zu ihren Werten und ihrem Glauben standen. Weil sie so stark sein konnten, wollte ich das auch. Wenn ich das Gespött der Leute war, führte ich mir vor Augen, wie viel schlimmer es für meine Großeltern in Jugoslawien gewesen sein musste. Sie überlebten und erkämpften sich ein besseres Leben, und das gab mir Hoffnung, wenn sich mal wieder jemand über mich lustig machte, mich verspottete oder gleich einen großen Bogen um mich machte, weil ich nicht so aussah wie die anderen Kinder.

Wertvoll

Meine Großeltern hatten ein Vorbild: Jesus. Er wurde für seine Lehre gemobbt und gehasst. Er predigte nicht nur Werte, er lebte sie auch. Und das gab ihm die Kraft, sogar den Tod zu ertragen, damit wir gerettet sind.

Stabile Werte geben Halt und Standfestigkeit. Die Werte, die ich für mich ausgewählt habe, stehen in der Bibel, aber man findet sie in ähnlicher Form auch anderswo. Sie bringen Menschen zusammen, schaffen Verständnis und Hilfsbereitschaft und dienen mehr dem großen Ganzen als nur dem Einzelnen, obwohl auf lange Sicht jeder davon profitiert.

Eins muss ich klar sagen: Christliche Werte stehen oft im Kontrast zur heutigen Gesellschaft, wo es eher um kurzfristiges Vorankommen und Individualismus geht. In der Welt sind Geld, Macht, Vergnügen, Rache, Ruhm und Status gefragt. Natürlich gibt es auch Christen, die erfolgreich sind, ein gutes Leben führen und bekannt und beliebt sind, aber diese Dinge sollten nicht das primäre Ziel sein, sondern eher Nebeneffekte.

Welche christlichen Werte sind wirklich hilfreich? Es gibt eine Art Katalog im sogenannten Galaterbrief, der „die Frucht des Geistes" genannt wird: Liebe, Freude, Frieden, Geduld, Freundlichkeit, Güte (dazu zählt auch Freigiebigkeit), Treue, Besonnenheit und Selbstbeherrschung. (Die Bibel, Galaterbrief, Kapitel 5) Das erscheint mir eine gute Liste zu sein. Sehen wir uns jeden Wert einzeln an und prüfen, inwiefern er auf dich zutrifft, auf deine Mobbingverteidigung und dein Leben insgesamt.

Liebe

Das Leben ist zu kurz, um ziellos umherzuirren. Ich habe mich für Gottes Weg entschieden, und da ich an ein Leben nach dem Tod glaube, möchte ich so vielen Menschen wie möglich Gottes Angebot nahebringen. Das schaffe ich am besten, indem ich so oft wie möglich seine Liebe weitergebe und lebe.

Es ist so einfach, jemandem zu sagen, dass er geliebt wird, und doch bin ich immer wieder erstaunt, welche Reaktionen das auslöst. Bei meinen Vorträgen in Schulen sind schon die größten, gemeinsten Typen in Tränen ausgebrochen und haben sich hinterher dafür bedankt, dass ich ihnen gesagt habe, wie sehr sie Gott liebt. Mehr als nur einmal haben Schüler mir anvertraut, ihnen habe noch nie jemand gesagt, dass er sie liebe.

Das finde ich sehr traurig, vor allem wenn man bedenkt, dass eine der Grundregeln, die Jesus damals aufstellte, „Liebe deinen Nächsten wie dich selbst" war.

Ich gebe zu, es war nicht gerade leicht für mich, diejenigen zu lieben, die mich auf dem Kieker hatten oder wie ein Monster behandelten, das nicht lebenswert ist. Und dir wird das sicher auch nicht in den Schoß fallen. Aber andererseits soll es vielleicht auch gar nicht allzu leicht sein.

Vielleicht ist es eine Herausforderung, an der du und dein inneres Wesen wachsen sollen. Eine Herausforderung, von der du später profitierst. Das ist natürlich leichter gesagt als getan. Ich habe größtes Verständnis dafür (und Gott übrigens auch). Aber es ist nicht unmöglich. Denk an den größten Liebes- und Vergebungsbeweis überhaupt. Stell dir vor, wie Jesus am Kreuz hängt, gen Himmel schaut und sagt: „Vater, vergib ihnen, denn sie wissen nicht, was sie tun."

Möglicherweise macht dir das Mut. Vielleicht hältst du aber auch dagegen, dass Jesus der Sohn Gottes war und du nur ein einfacher Mensch, der sich nicht durch Mobbing sein ganzes Leben zerstören lassen will. Niemand erwartet, dass du diejenigen mit Liebe überschütten sollst, die dir wehtun und dich öffentlich erniedrigen wollen. Und die andere Wange hinzuhalten ist womöglich auch keine gute Entscheidung. Aber später, wenn derjenige nicht mehr an dich herankommt, kannst du versuchen, ihm zu vergeben und nichts nachzutragen.

Tu das nicht für ihn. Tu es für dich.

Und wenn du dabei Hilfe brauchst: Gott ist zur Stelle. Er weiß, wie das geht, schließlich kennt er uns bis ins Mark und liebt uns trotzdem. Vielleicht hat dein Widersacher ein schwieriges Elternhaus und wurde selbst nicht besser behandelt?

Manchmal schaue ich zurück und frage mich, was wohl passiert wäre, wenn ich einigen meiner Peiniger auf einmal Liebe entgegengebracht hätte. Das wäre sicher interessant geworden! Ich gebe zu, das ist ein ziemlich radikaler Schritt, aber genau so hat Jesus es uns vorgemacht.

Dein Gegner wird wahrscheinlich nicht wissen, wie er reagieren soll, wenn du plötzlich nett zu ihm bist, ihm vergibst oder auf ihn zugehst, anstatt wegzulaufen. Ich empfehle dir das – aber nur, wenn du einen guten Fluchtplan oder einige Freunde in deiner Nähe hast. Oder ein schnelles Motorrad. Bei dem der Motor schon läuft.

Aber ob du ihm das nun öffentlich zeigst oder nicht, es wird dich selbst voranbringen. Sieh deinen Widersacher als jemanden, bei dem in der Kinderstube irgendetwas schiefgelaufen ist.

Wer weiß, vielleicht hätte ich sogar einen grundlegenden Sinneswandel bei dem einen oder anderen Fiesling erreichen können. Vielleicht hätte ich so jemand anderem die Tortur ersparen können, womöglich sogar den Selbstmord?

Freude

Gegen Freude lässt sich nur sehr schwer argumentieren. Wer möchte nicht fröhlich sein? Andererseits, wer ist fröhlich, wenn er jemanden im Nacken hat, mit Steinen beworfen, beschimpft, isoliert, ausgegrenzt oder auf Facebook mit hämischen Pinnwandeinträgen bombardiert wird?

Der Schlüssel zur Freude: Mach nicht andere dafür verantwortlich, dich glücklich zu machen.

Das bedeutet natürlich nicht, dass deine Freunde, Eltern, Geschwister und Verwandten kein Lächeln auf dein Gesicht zaubern dürfen, aber echte und dauerhafte Freude kommt nur von innen.

Was mir große Freude macht, ist meine Arbeit, mein Glaube, anderen Gutes zu tun, die Welt ein Stückchen zu verbessern, und natürlich meine Familie und andere gute Beziehungen. Und auf diese Ressourcen hat man auch Zugriff, wenn jemand einem das Leben zur Hölle machen will.

Wer von innerer Freude lebt, baut eine Art Mobbingschutzschild auf. Glaub mir, nichts geht einem Fiesling mehr an die Substanz, als wenn sein Opfer lächelt und weitergeht.

Wenn dir jemand Freude bereitet, ist das ein tolles Geschenk, aber du hast genauso einen Freudegenerator in dir drin. Schon wenn du dich auf die schönen Dinge des Lebens konzentrierst – deine Talente und Fähigkeiten, oder auch einen schönen Sonnenuntergang, eine Umarmung oder das Schwanzwedeln deines Hundes, wenn du nach Hause kommst –, wirst du spüren, wie er anspringt.

Häufe so viel Freude an, wie du kannst, und wenn dir jemand den Tag vermiesen will, geh an deine Reserven. Die sind nämlich diebstahlsicher.

Frieden

Manch einer würde sich ein Bein ausreißen, nur um endlich einmal in Ruhe gelassen zu werden. (Nein, so war es nicht bei mir.) Dabei kann jeder auch Frieden in sich selbst finden.

Auch wenn jemand droht, mit dir den Boden aufzuwischen, kannst du noch inneren Frieden haben. Wie das bei mir funktioniert?

Wenn ich das Gefühl habe, die ganze Welt sei gegen mich, ziehe ich mich innerlich an einen Ort zurück, der von der Gewissheit geprägt ist, dass Gott es gut mit mir meint. Dort lasse ich mich von seiner Liebe durchströmen und sperre meine ganze Wut und meine Ängste aus.

Dieser innere Frieden ist ein Geschenk Gottes an jeden, der es will. (Eine Zusage von Jesus, nachzulesen im Bericht von Johannes. Die Bibel, Johannesevangelium, Kapitel 14, Vers 27)

Meine Erfahrung ist: So einen Frieden kann mir nichts und niemand auf der Welt sonst geben. Den finde ich nirgendwo anders. Dieser innere Friede kommt von Gott und wohnt in mir.

Wo meine Grenzen sind, ist Gott noch lange nicht am Ende.

Möchtest du das einmal ausprobieren? Dann bitte Gott darum. Frag ihn, was er mit dir vorhat. Entdecke in seinem Wort – der Bibel –, wie sehr er dich liebt. Schon das Lesen wird etwas in dir bewirken. Ich persönlich brauche die Beschäftigung mit Gottes Wort, weil ich so eine Extraportion Kraft für das tägliche Auf und Ab bekomme.

Als ich im Dezember 2010 in eine heftige Krise geriet, kam mir ein bestimmter Satz, den ich vom Lesen kannte, immer wieder in den Sinn. Und so murmelte ich diesen Satz aus Philipper 4 jeden Tag immer wieder vor mich hin: „Ich vermag alles durch den, der mich stark macht."

Wo meine Grenzen sind, ist Gott noch lange nicht am Ende. Diese Erkenntnis hat mich immer wieder aufgebaut und meine Sicht auf das Leben völlig umgekrempelt.

Geduld

Einmal bat jemand Gott um mehr Geduld und musste sich erst einmal eine Stunde lang anstellen, während Gott überlegte. Als er sich schließlich beschwerte, sagte Gott: „Du wolltest mehr Geduld, und ich gab dir die Gelegenheit, schon mal zu üben."

Wie oft musste ich mich schon in Geduld üben! Und ich bin noch lange nicht dort, wo ich hinwill. Geduld ist eine Tugend, sagt man, aber sie ist auch ein Wert. Das wurde mir erst relativ spät klar. Als Jugendlicher und später als Junggeselle wollte ich mir von niemandem das Tempo vorschreiben lassen und tat, was ich wollte, wann ich es wollte.

Meine erste Lektion in Geduld lernte ich, als ich meine erste Pflegekraft bekam. Mein „Caregiver", wie ich meinen Unterstützer im Alltag nenne, sollte mir eine Hilfe sein, aber ich war so daran gewöhnt, selbst zurechtzukommen, dass ich anfangs wenig Geduld mit ihm hatte. Als ich anfing, ins Ausland zu reisen, hatte ich immer einen Caregiver dabei, und wir waren Tag und Nacht beieinander. Natürlich brauchte er auch einiges an Geduld mit mir.

Wahrscheinlich hatte er es sogar schwerer als ich, aber für mich war das Ganze neu, und ich tat mich schwer damit. Erst nach und nach lernte ich, dankbar für seine Anwesenheit und für all das zu sein, bei dem er mir half. Geduldig zu sein ist eine wichtige Tugend, die man im Leben überall gebrauchen kann und von der man auf vielen Ebenen profitiert.

Aber, ja, es ist nicht leicht, seine Gedanken im Zaum zu halten und Herr seiner Emotionen zu bleiben. Ich muss auf diesem Gebiet noch viel lernen, aber ich habe auch schon oft die Früchte der Geduld ernten dürfen.

Mein großes Lernbedürfnis in Sachen Geduld wurde mir erst so richtig bewusst, nachdem Kanae und ich verheiratet waren und die Familienplanung in vollem Gang war. Als ein älterer Freund mit eigener Familie von mir hörte, dass wir ein Kind bekommen, meinte er nur: „Nick, jetzt wird es höchste Eisenbahn, dass du mal Geduld lernst."

Ich vermute, jeder von uns kann Geduld immer auf ganz verschiedenen Ebenen gebrauchen!

Wer mit Mobbing zu tun hat, braucht perspektivische Geduld. Als ich noch ein beliebtes Opfer in der Schule war, reichte meine Perspektive nicht gerade weit. Ich dachte immer, das mit den Kommentaren und den Hänseleien würde nie aufhören. Dementsprechend verzweifelt und hilflos war ich. Wann immer mich jemand belästigte, musste ich sofort weg. Ich versteckte mich letzten Endes so oft in den Büschen auf dem Schulhof, dass einige wohl dachten, ich wäre eine neue Art Pflanze.

Etwas Geduld hätte mir damals enorm geholfen. Mit ein wenig Geduld im Gepäck hätte mein Blick weiter nach vorn gereicht und mich mit der Sache viel entspannter umgehen lassen. Anstatt immer zu denken: *Dieser Typ wird mir für immer das Leben schwer machen*, hätte meine Geduld mir zugeflüstert: *Das geht auch vorbei, keine Angst.*

Das beste Beispiel für Geduld in der Bibel findet man bei Hiob. Hiob war reich und tief gläubig, und aus irgendeinem Grund wollte Gott seine Geduld auf die Probe stellen. Deswegen gestattete er dem Teufel, Hiobs gesamten Besitz zu zerstören und ihm auch seine Kinder zu nehmen.

Hiob ging trotz allem davon aus, dass Gott mit seinem Leben etwas Gutes im Sinn hatte und dass Gott wusste, warum er so viel Schlechtes zuließ. Gott brach die Prüfung erst ab, nachdem selbst der geduldige Hiob verzweifelt zu ihm schrie und zeigte, dass er ein Mensch ist wie du und ich. Am Ende belohnte Gott Hiobs Geduld und schenkte ihm doppelt so viel, wie er anfangs hatte.

Freundlichkeit

Wie soll Freundlichkeit einem helfen, sich gegen Mobbing zu wehren? Was bringt Freundlichkeit, wenn man einer riesigen Herausforderung gegenübersteht? Gute Frage. Wo spielt Freundlichkeit hinein, wenn man angegangen, angegriffen, ausgegrenzt oder im Internet belästigt wird?

In einem der Berichte über das Leben von Jesus (Lukasevangelium, Kapitel 6, Vers 35) steht: „Ihr aber sollt eure Feinde lieben und den Menschen Gutes tun. Ihr sollt ihnen helfen, ohne einen Dank oder eine Gegenleistung zu erwarten. Dann werdet ihr reich belohnt werden: Ihr werdet Kinder des höchsten Gottes sein. Denn auch er ist gütig zu Undankbaren und Bösen."

Ergänzt wird das durch Sprüche 16,7 (in Teil 1 der Bibel, im sogenannten Alten Testament): „Wenn dein Handeln Gott gefällt, bewegt er sogar deine Feinde dazu, sich mit dir zu versöhnen."

In Straßenjargon übersetzt müsste man vielleicht sagen: „Mach sie fertig mit Freundlichkeit." Oder auch nicht! Ganz im Ernst: Ich habe versucht, nett zu meinen Peinigern zu sein, und bei manchen hat es funktioniert; andere wurden nur noch schlimmer.

Manchmal ist nett sein genau das Richtige, weil viele aggressive Leute tief drinnen eigentlich selbst verletzt sind und nie richtig geliebt worden sind. Das begegnet mir auf meinen Reisen bei jungen Leuten sehr häufig. Sie haben vernarbte Herzen, weil sie zu Hause Gewalt erleben, weil ihre Eltern sich getrennt haben oder sie von einer Pflegefamilie zur nächsten weitergereicht wurden.

Und trotzdem können einige, die nie Mitgefühl und Freundlichkeit erlebt haben, besonders einfühlsam und warmherzig sein: In Mumbai und in anderen völlig verarmten Gegenden habe ich zwangsprostituierte Jugendliche kennengelernt, die mich mit ihrer Freundlichkeit geradezu verblüfften und tief berührten.

Klar: Es gibt keine Garantie, dass du in Ruhe gelassen wirst, wenn du auf einmal nett zu deinen Widersachern bist. Vor allem nicht sofort. Manche Leute sind einfach gemein und haben Spaß daran, andere zu quälen. Trotzdem finde ich, Freundlichkeit ist immer einen Versuch wert und generell die beste Art, sein Leben zu meistern.

Und selbst wenn noch nie jemand nett zu dir war, möchte ich dich ermutigen, es einmal auszuprobieren – und zwar eine ganze Weile, nicht nur einen Moment lang. Du wirst selbst sehen, ob etwas passiert.

Wenige Worte können Großes bewirken. Kleine Samen können eine große Ernte einbringen. Ein Lächeln, ein mitfühlender Blick, ein Anruf oder eine Umarmung können einem anderen den Tag oder sogar das Leben retten.

Als Junge half ich meinem Vater, im Garten Tomatensamen auszustreuen. Er meinte, daraus würden große Ranken werden. Aber es würde einige Zeit dauern. Also setzte ich mich drei Stunden lang hin und sah zu. Aber es passierte nichts. Am nächsten Tag dasselbe.

Ich war der Meinung, die Pflanzen würden schneller wachsen, wenn ich genau hinsah, aber das Einzige, was mit jeder Minute wuchs, war mein Frust. Ich hatte keine Geduld. Ich wollte Ergebnisse, und zwar sofort. Mein Vater hätte mir lieber eine Schale mit Kresse geben sollen!

Wenn ich an diese Kindheitserinnerung denke, fällt mir sofort das Thema Freundlichkeit ein. Manchmal sind wir frustriert, weil scheinbar nichts zurückkommt, aber trotzdem ist jede freundliche Geste wie ein Samen, der eines Tages aufgehen und zu etwas Großartigem heranwachsen kann – vielleicht zu einer Freundschaft, vielleicht sogar zu einer Liebe.

Wer, ohne Gegenleistung zu erwarten, freundlich und liebevoll mit anderen umgeht, ist für mich ein Held. Es kostet nämlich viel mehr Mut, ohne Erwartung in Vorleistung zu gehen, als zu wissen, dass der andere sich erkenntlich zeigt.

Das eine ist ein Akt des Vertrauens; das andere nur eine Transaktion.

Sei also freundlich. Streue Samen der Liebe aus. Wenn du keinen Freund hast, sei selbst einer. Verschenke ein Lächeln. Eine Umarmung. Du weißt nie, was passiert. Manchmal geschehen Wunder, und plötzlich hast du einen Feind weniger und einen Freund mehr!

Großzügigkeit

Es steht schon in der Bibel: Wer großzügig ist, wird am Ende selbst beschenkt. Ein großzügiges Wesen zu haben ist ein echtes Geschenk. Denen gegenüber freigiebig zu sein, die einen mobben, steht natürlich auf einem anderen Blatt. Es ist sehr schwer, jemandem Gutes zu tun, der einem das Leben zur Hölle macht. Deswegen will ich das auch gar nicht von dir verlangen. Aber wenn du anderen gegenüber großzügig bist, wirst du dich besser fühlen, und das allein macht dich schon weniger angreifbar.

Wer großzügig ist, ist oft auch hilfsbereit. Was wiederum gut zu meiner Philosophie passt: Wenn du Hilfe brauchst, hilf anderen. „Wer den Armen etwas gibt, gibt es Gott", steht in der Bibel, „und Gott wird es reich belohnen."

Gerade junge Leute werden jetzt einwenden, dass sie nichts haben, was sie weitergeben können. Aber das stimmt so nicht. Jeder hat eine Gabe, die er einsetzen kann.

Vielleicht hast du wenig Geld und keine große Habe, aber du bist mit Talenten gesegnet und mit Zeit. Beides kann für andere eine enorme Hilfe sein. Ob du ehrenamtlich Nachhilfe gibst, der „große Bruder" oder die „große Schwester" für jemanden wirst oder einem alten Menschen in deiner Umgebung hilfst, all das kostet nur Zeit und Energie … und davon hat jede und jeder etwas.

Geben, um zu bekommen, ist die falsche Strategie, und doch wirst du am Ende beschenkt sein. Irgendwie sind wir so gebaut, dass es uns gut tut, anderen zu helfen.

Als Jugendlicher hatte ich sehr mit Selbstzweifeln zu kämpfen und stellte meinen Wert und meinen Platz auf dieser Welt oft infrage. Zugleich spürte ich diesen inneren Drang, nach Südafrika zu reisen und dort den Armen zu helfen. Ein junger Südafrikaner, der einen meiner Vorträge gehört hatte, wollte dort für mich eine Tour durch Schulen, Waisenhäuser und Gefängnisse organisieren.

Meine Eltern machten sich natürlich Sorgen um meine Sicherheit und bald darauf um meinen Verstand, als ich verkündete, ich wolle die zwanzigtausend Dollar, die ich für den Kauf eines Hauses irgendwann gespart und beiseitegelegt hatte, auf der Rednertour verschenken. Aber trotz ihrer Bedenken reiste ich nach Afrika und kaufte mit dem Geld Windeln, Waschmaschinen, Trockner und Medikamente für mehrere Waisenhäuser. Es machte mich traurig, so viele Kinder ohne Familien zu sehen, aber zugleich ermutigte es mich, wie stark sie waren und dass sie trotzdem lachen und das Leben genießen konnten.

Ich war mit dem Ziel angereist, das Leben dieser Kinder etwas schöner zu machen, aber – wie so oft, wenn man freigiebig ist – war es am Ende mein Leben, das schöner wurde. Diese Reise war wirklich ein Wendepunkt in meinem Leben. Was ich dort erlebte, gab mir die Gewissheit und die Motivation, die Welt zu bereisen und überall zu den Menschen zu sprechen.

Durch den Kontakt vor Ort in Südafrika und meine Ersparnisse von früheren Vorträgen hatte ich natürlich eine besondere Ausgangsposition. Ich erwarte nicht von dir, dass du dir gleich so ein großes Ziel suchst. Aber du kannst deine Freigiebigkeit zum Beispiel an deiner Schule trainieren oder in deiner direkten Nachbarschaft, an einem Kiezprojekt teilnehmen oder die sozialen Angebote einer Kirche unterstützen.

Falls du an Gott glaubst, wäre eine weitere großzügige Tat das Gebet für Menschen in Not. Wunder können wir leider nicht tun, du und ich, aber das Gebet verbindet uns mit jemandem, der das kann. Was wir nicht erreichen können, schafft er: Gottes Arm ist länger als deiner (und meiner erst!).

Eine letzte Heldentat, die ich dir ans Herz legen möchte, ist, demjenigen ein Freund zu sein, der einsam ist und scheinbar keine Freunde hat. Bei immer mehr Jugendlichen, die ich auf meinen Reisen kennenlerne, merke ich, wie einsam sie sich fühlen. Ihre einzige Kommunikation läuft über E-Mails, Kurznachrichten und Tweets. Der Mangel an echter Freundschaft ist alarmierend.

Früher war meine größte Angst, dass ich nie Freunde finden würde, weil ich so anders aussehe. Eines Tages dachte ich: *Mein Leben wäre so viel schöner, wenn ich nur einen einzigen Freund hätte.*

Du kannst für jemand anderen dieser Freund sein. Vielleicht rettest du ihm oder ihr damit sogar das Leben, und wer weiß, wie beschenkt du am Ende selbst sein wirst.

Treue

Im Mai 2012 schrieb ich an die Pinnwand auf meiner Facebook-Seite: „Lieber treu mit dem umgehen, was man hat, als sich mit ‚könnte‘, ‚hätte‘, ‚würde‘ aufzuhalten. Seid dankbar, lernt dazu, seid gewissenhaft und ehrlich!"

Ich muss bei einigen damit einen Nerv berührt haben, denn mehr als dreitausend Menschen klickten auf „gefällt mir", und über fünfhundertsiebzig Mal wurde diese Nachricht geteilt. Warum ist dieses Thema für so viele Leute so relevant, und welche Rolle spielt es im Kampf gegen Mobbing? Auch dieser Wert ist keine direkte Gegenmaßnahme im eigentlichen Sinn, aber wenn du ihn dir zu Herzen nimmst, wird es anderen in Zukunft viel schwerer fallen, dein Boot zum Kentern zu bringen.

Das englische Wort für Treue, *faithfulness*, hat verschiedene Bedeutungen. Gläubige Christen verstehen darunter vor allem, Gottes Vorstellungen für unser Leben voller Vertrauen zu folgen und unerschütterlich, also: treu daran festzuhalten, dass er uns Menschen liebt und gütig und gnädig ist. Diese Art von Treue ist sowohl eine Charaktereigenschaft als auch eine Tugend. Sie ist auch eine Art Gradmesser, an dem man erkennen kann, wie viel Raum man Gott in seinem Leben gegeben hat.

Hält deine Umgebung dich für treu? Bist du ein treuer Freund? Ein gewissenhafter Student? Ein verlässlicher Klassenkamerad? Ein zuverlässiger Kollege? Wenn nicht, dann bist du nicht der, der du vorgibst zu sein. Irgendwann hast du bei anderen das Vertrauen verletzt, das durch Treue entsteht.

Als ich noch klein war, war ich völlig auf andere angewiesen. Ich musste darauf vertrauen, dass sie sich treu um mich kümmerten. Meine Eltern erwiesen sich glücklicherweise als sehr gewissenhaft und gaben mir gute Richtlinien vor, auch wenn ich manchmal dagegen rebellierte. Heute bin ich von treuen Caregivern umgeben: Sie erscheinen jeden Tag, erfüllen ihre Aufgaben und lassen mich nicht im Stich, auch wenn ich manchmal schlecht drauf und kein angenehmer Zeitgenosse bin. Hin und wieder braucht auch mein eigener Treuemotor ein wenig Tuning und ich muss meine Prioritäten überprüfen; und dann bin ich froh, einen treuen Gott an meiner Seite zu haben, der mir dabei hilft.

Faithfulness steht natürlich auch für Loyalität, Zuverlässigkeit, Vertrauenswürdigkeit und Beständigkeit. Diese Art von Treue zeigt man, indem man nicht Wasser predigt und Wein trinkt, sondern seine Versprechen hält, authentisch ist und auf Worte auch Taten folgen lässt.

Lass dich von Verletzungen und Schwierigkeiten nicht aus der

Bahn werfen. Verliere nicht das Vertrauen in die Zukunft. Du bist wertvoll!

Verletzungen können heilen und schlechte Zeiten gehen vorbei.

Ich bin damals als Junge sozusagen in Panik verfallen und habe in verschiedenen Lebensbereichen jeden Glauben an das Gute verloren. Das Ergebnis war, dass mir einige meiner wichtigsten Werte abhandenkamen.

Wenn du denselben Fehler gemacht hast, nimm es nicht so schwer. Niemand ist perfekt. Sei lieber froh, dass du noch Gelegenheit hast, klar Schiff zu machen und Schritt für Schritt zu einem authentischen und erfüllenden Leben zurückzukehren. Überlege, wen du mit Worten oder Taten verletzt haben könntest, bitte um Vergebung, und setze neuen Kurs!

Besonnenheit

Nachsichtig zu sein, sanftmütig, verständnisvoll – all das sind sehr erstrebenswerte Tugenden. In der Bibel findet man sogar einen Hinweis darauf, wie man diese angesichts von Mobbing einsetzen soll: „Brüder und Schwestern, auch wenn jemand unter euch in Sünde fällt, müsst ihr zeigen, dass der Geist Gottes euch leitet. Bringt einen solchen Menschen mit Nachsicht wieder auf den rechten Weg. Passt aber auf, dass ihr dabei nicht selbst zu Fall kommt!" (Die Bibel, Galater 6,1, Übersetzung Gute Nachricht)

A la Nick übersetzt könnte man sagen: „Wenn dir einer partout auf den Zeiger geht, mach ihm freundlich klar, er soll mal runterkommen. Pass nur auf, dass du nicht selbst zur Nervensäge mutierst."

Ich habe noch nie ausprobiert, was Verständnis und Nachsicht bei einem Mobbingtäter bewirken, aber wie heißt es in der Bibel: „Alle in eurer Umgebung sollen zu spüren bekommen, wie freundlich und gütig ihr seid." Vielleicht funktioniert es, vielleicht aber auch nicht. Welchen Zweck erfüllt Sanftmut dann in unserer Mobbingverteidigung? Ein sanftmütiger Geist jagt deinen Peinigern vielleicht keine Angst ein, aber diese Haltung wird dir helfen, einen Schild aus Freunden und Unterstützern aufzubauen, mit denen sie sich nicht anlegen wollen.

Sanftmütig sein hat nichts mit Schwäche zu tun. Jesus wird oft als sanftmütig beschrieben, aber schwach war er beileibe nicht. Er konnte auch ganz anders, beispielsweise bei den Händlern im Tempel, die er kurzerhand rauswarf.

Sanftmut hat damit zu tun, bescheiden zu sein, nicht auf sein Recht zu pochen, anderen den Vortritt zu lassen, zuhören zu können und ein guter Freund zu sein, sich vor die zu stellen, die sich nicht wehren können, und für diejenigen da zu sein, die Hilfe brauchen.

Du kennst bestimmt die Bezeichnungen „lammfromm" oder „zahm wie ein Täubchen", oder aus der Werbung „sanft wie ein Babypopo". Aber echte Sanftmut ist viel tiefgründiger als diese oberflächlichen Phrasen.

Viele der Menschen, die ich wirklich bewundere, haben ein sanftmütiges Wesen. Sie müssen keine harte Schale zeigen, weil sie innerlich stark sind. Solche Leute sind meine Vorbilder. Sie strahlen Ruhe und Gelassenheit aus, und zugleich spürt man, dass ihr Charakter und ihr Gottvertrauen so stark sind, dass scheinbar nichts sie erschüttern kann.

Als Jugendlicher hatte ich eine gewisse Tendenz dazu – okay, einen extremen Hang –, jede Diskussion gewinnen und immer recht haben zu wollen. Wenn jemand mir bewies, dass ich falsch lag, ließ ich trotzdem nicht locker und behauptete steif und fest, im Recht zu sein. Einmal hatte eine meiner Bekannten genug davon und meinte: „Nick, nur weil du recht hast, musst du mir das nicht jedes Mal auf die Nase binden."

So leicht nahm sie mir auf freundliche Art den Wind aus den Segeln. Es kommt nicht darauf an, wahnsinnig gut diskutieren zu können und in allen Dingen die Autorität zu sein, sondern verständnisvoll, hilfsbereit und ein guter Freund. Egoismus und Arroganz gaukeln einem vor, man wäre unendlich wichtig und jeder müsse einen respektieren, aber man verliert dabei seine Sanftheit.

Das nächste Mal, wenn sich dir jemand in den Weg stellt, lass dich nicht dazu verleiten, Gleiches mit Gleichem zu vergelten und deinen Schimpfwortkatalog auszupacken. Stell dir das Ganze als ein Test für deine innere Stärke vor, für deine stille Kraft. Du wirst sehen, du kannst sanft und stark zugleich sein.

Selbstbeherrschung

Vor einiger Zeit bat mich ein Bekannter, mit einem jungen Mann zu reden, der in seine Familie eingeheiratet hatte. Tim war Anfang zwanzig. Seine Frau und er waren seit ein paar Jahren verheiratet. Sie hatten sehr schnell zwei Kinder bekommen, und Tim tat sich mit seiner neuen Verantwortung schwer. Er hatte den Schritt vom Junggesellen, der tun und lassen konnte, was und wann er wollte, zum verantwortungsvollen Familienvater nicht geschafft.

Tim räumte ein, dass er auch auf der Arbeit in Schwierigkeiten geraten war, was in der Familie seiner Frau zum Läuten der Alarmglocken geführt hatte. Im Grunde fehlte es ihm an Reife und Selbstbeherrschung. Ich fragte ihn, ob er nicht ein Vorbild für seine Kinder sein wolle. „Du willst doch, dass sie stolz auf dich sind und dir nacheifern, oder?", wollte ich wissen. „Als Vater musst du ihre Bedürfnisse und ihr Wohlergehen über deins stellen. Letzten Endes ist es eine Frage der Selbstbeherrschung … und der Erkenntnis, dass dein Verantwortungsbereich gewachsen ist."

Wir hatten ein sehr nettes, tiefgründiges Gespräch. Ich wollte ihn wachrütteln, und das spürte er. Er nahm sich einiges zu Herzen, und das konnte man an seinem Verhalten nach unserem Gespräch ablesen. Nach und nach ist er ein besserer Vater und Ehemann geworden. Natürlich gibt es noch den einen oder anderen Rückschlag in Sachen Selbstbeherrschung, aber könnten wir nicht alle noch ein bisschen mehr davon vertragen?

„Wer sich nicht beherrschen kann, ist so schutzlos wie eine Stadt ohne Mauer", heißt es in der Bibel. Ich weiß noch, wie die Lehrer in der Schule immer riefen: „Reißt euch mal am Riemen und benehmt euch wie erwachsene Leute!" Das hörte sich damals für mich komisch an. Weder konnte ich mich an irgendeinem Riemen reißen, noch war ich erwachsen. Ich wohnte noch bei meinen Eltern, hatte weder Arbeit noch Geld. Was hatte ich schon zu entscheiden? Noch nicht mal unser Hund hörte auf mich!

Wer andere mobbt, hat sich selbst nicht unter Kontrolle. Die Täter verhöhnen ihre Opfer, schubsen sie herum und isolieren sie von den anderen, weil sie zu schwach sind, ihre negativen Impulse und Emotionen zu kanalisieren und etwas Vernünftiges damit anzustellen. Und deswegen ist es so effektiv, wenn man selbstbeherrscht reagieren kann.

Wenn du dich weigerst, auf ihre Kommentare zu reagieren oder dich von einem Schubser zu einer aggressiven Reaktion hinreißen zu lassen, zeigt das, wie viel reifer und selbstbeherrschter du bist. Wenn dein Gegenüber nicht von dir ablässt oder du dich ernsthaft bedroht fühlst, musst du dich entweder verteidigen, weglaufen oder Hilfe holen. Ich würde dir niemals raten, dich ohne Gegenwehr verprügeln zu lassen, aber Gewalt sollte immer das allerletzte Mittel sein. Ich komme später noch einmal darauf zurück; an dieser Stelle möchte ich dich ermutigen, die genannten Vorschläge aus der Bibel als deine Werte zu übernehmen und jeden Tag zu versuchen, danach zu leben.

Wir werden als kleine Bündel geboren, die strampeln und schreien und verlangen, dass unser Bedürfnis nach Essen und Trinken und Geborgenheit gestillt wird. Es wäre schön, wenn wir immer in diesem Modus bleiben könnten, aber selbst die vernarrtesten Eltern haben das mit dem Windelnwechseln irgendwann satt.

Dieses Urverlangen, das Zentrum des Universums sein zu wollen, steckt oft noch in uns, aber spätestens als Teenager wird von uns erwartet, dass wir zu unserem eigenen Wohl und dem der anderen eine Vielzahl unserer Bedürfnisse und Wünsche hinten anstellen. Ein Mangel an Selbstbeherrschung führt zu schlechten Entscheidungen.

Ich finde, man kann selbstbeherrscht sein und trotzdem Spaß haben. Es ist alles nur eine Frage der Mäßigung. Man muss wissen, wann genug ist. Wenn du merkst, dass du bei hämischen Kommentaren sofort ausrastest, nicht Nein sagen kannst, wenn dir jemand Drogen anbietet oder du jedem sexuellen Reiz schutzlos ausgeliefert bist, solltest du an deiner Selbstbeherrschung arbeiten. Wenn du willst, erbitte dir als Unterstützung Hilfe von oben!

Bau dein Leben auf Liebe, Freude, Frieden, Freundlichkeit, Freigiebigkeit, Treue, Sanftmut und Selbstbeherrschung, und du wirst eine reiche Ernte einfahren. Und darunter wirst du Selbstvertrauen, Mut und Widerstandsfähigkeit entdecken, die dich angesichts von Mobbing, schlechter Behandlung oder anderen Herausforderungen des Lebens nicht im Stich lassen werden.

Denk dran:

- Starke Werte sind eine hervorragende Verteidigung gegen Mobbing und andere Schwierigkeiten im Leben.
- Jeder wird davon profitieren können, der sein Leben auf Liebe, Freude, Frieden, Freundlichkeit, Freigiebigkeit, Treue, Sanftmut und Selbstbeherrschung baut.

5 – Steck dir eine Sicherheitszone ab

Bau dir einen Panzer aus innerer Stärke

Bist du davon überzeugt, wertvoll zu sein, bereit, dein Glück selbst in die Hand zu nehmen, und entschlossen, dein Leben auf starken Werten zu bauen, kannst du eine Sicherheitszone errichten, in der nichts und niemand dafür sorgen kann, dass du dich schlecht fühlst. Stell dir diese Zone wie einen Schutzraum vor, der nicht zu Hause oder in der Schule existiert, aber in deinem tiefsten Inneren – durch deinen Willen, deinen Verstand ziehst du dich in ihn zurück. Dieser Schutzraum ist da! Dorthin kannst du dich zurückziehen, wenn du sicher sein willst. Dort bist du, dort ist dein Selbstbild vor Mobbing und anderen schlechten Erfahrungen geschützt.

Hier geht es nicht darum, dich körperlich in Sicherheit zu bringen, wenn dich jemand verprügeln oder dir zusetzen will. Dieses Thema greife ich später noch auf. Hier geht es darum, dich emotional zu schützen, damit du nicht völlig gestresst oder deprimiert wirst.

Diese Sicherheitszone hat keine Wände, aber ihre Auswirkungen auf dein Leben können enorm sein. Und sie ist immer da, wo du auch bist, für den Rest deines Lebens.

Ich brachte mir selbst bei, diesen Rückzugsraum aufzusuchen, als ich wegen der Hänseleien und schlechten Erfahrungen mit Menschen immer wieder unsicher wurde und meinen Wert infrage stellte. Dann suchte ich mir ein ruhiges Eckchen, trat in meinen

Schutzraum und sagte zu mir selbst: „Ich bin ein Kind Gottes und kein Zufallsprodukt. Gott hat Gutes im Sinn für mein Leben. Und das lasse ich mir von niemandem kleinreden oder mich schlechtmachen. Ich bin ein geliebter Mensch, und ich bin wertvoll."

Diese Sicherheitszone ist immer da, wo du auch bist, für den Rest deines Lebens.

Schön für dich, Nick, wirst du vielleicht denken, *aber bei mir funktioniert das sicher nicht.* Deswegen möchte ich dir Jenny vorstellen, die mir in einer E-Mail schrieb, wie sie zu ihrem persönlichen Schutzraum kam. Sie nennt es zwar nicht so, aber es funktioniert ganz ähnlich, wie du gleich sehen wirst.

Jenny wurde schon seit der Grundschule gehänselt, weil sie nicht aussieht wie alle anderen. So traurig es ist, auf ihre innere Schönheit sah niemand. Stattdessen machten sich alle über sie lustig, weil sie mit dem Apert-Syndrom geboren wurde.

Nachdem ich Jennys E-Mail gelesen hatte, musste ich das Apert-Syndrom erst einmal nachschlagen. Es ist ein grausamer Gendefekt. Manche Studien besagen, dass jedes fünfundsechzigtausendste Kind damit geboren wird. Die meisten leiden an Fehlbildungen am Kopf, im Gesicht, den Händen und Füßen. Ich habe ja schon erwähnt, wie sehr ich mir immer selbst leid tat, weil meine Behinderung so offensichtlich war und nicht versteckt werden konnte. Es erfüllt mich mit Demut, dass Jenny eine noch viel schwerere Behinderung mit so viel Fassung trägt, obwohl sie natürlich auch gute und schlechte Tage hat, wie sie mir schrieb.

„Sagen wir es so: Es kostete viel Gottvertrauen und die Unterstützung meiner Familie, vor allem die meiner Eltern und meiner Schwestern, bis ich davon überzeugt war, dass ich okay bin, egal, was die anderen denken", stand in ihrer Mail. „Aber wie du dazu stehst, finde ich grandios. Vor allem, was du bei *20/20* [einem TV-Magazin] gesagt hast. ‚Es geht nicht darum, was die Welt von dir hält, sondern was DU von dir hältst.' Das ist seit Langem mein Motto."

Jenny schrieb, dass sie die Highschool, das College und die Uni mit guten Noten abgeschlossen hat und nebenbei Trompete spielt und im Kirchenchor mitsingt. Musik spielt für ihre Sicherheitszone eine wichtige Rolle, genau wie bei mir. Wenn ich genervt oder traurig bin, höre ich oft Musik. Das habe ich schon als Jugendlicher gemacht, wenn ich in der Schule gehänselt wurde. Musik hat eine beruhigende Wirkung auf mich, und Jenny geht es nicht anders.

„Ohne Musik wäre ich nicht der Mensch, der ich heute bin", schrieb sie. „In der Musik finde ich meinen Frieden, meine Seele."

Das Gute an der Sicherheitszone – ob nun in dir selbst oder an einem speziellen Ort irgendwo – ist, dass du sie mit allem füllen kannst, was dir Erleichterung und Ruhe verschafft: deinen Lieblingssongs, Fotos von Verwandten, Gebeten, Mutmachsprüchen, Bibeltexten oder echten bzw. mentalen Bildern von Menschen, die dich inspirieren (für so etwas bin ich sofort zu haben!). Es ist dein „Zimmer", also gestalte es so, wie du willst.

Ein wertvolles Element für deine Sicherheitszone, das ich dir empfehlen kann, ist ein Ziel im Leben. Wenn du dich noch für keins entschieden hast, ist das nicht schlimm. Dann nimm auf jeden Fall deine Lieblingstätigkeiten mit hinein. Das Ziel ist, dass du dich gut fühlst und etwas hast, wofür es sich zu leben lohnt.

Überleg dir, wie es wäre, deine Leidenschaft zum Beruf zu machen. Wenn es Musik ist, stell dir vor, du wärest Künstler, Musiklehrer oder in der Musikbranche. Wenn du ein Computerfreak bist, sind die Möglichkeiten schier grenzenlos: Du könntest Software oder Apps programmieren, neue Suchmaschinen oder sogar Betriebssysteme entwickeln. Lass die Sorgen hinter dir und dich von deiner Fantasie in eine bessere Zukunft entführen.

Wenn du einmal weißt, wo deine Leidenschaften liegen – ja, man kann mehr als eine haben –, wird es dir leichter fallen, Gleichgesinnte zu finden: in Clubs, Foren, AGs und anderswo. Das bringt dich auf vielen Ebenen voran und fügt deiner Sicherheitszone noch einen weiteren Schutzbereich hinzu.

Psychologen sagen: Je mehr soziale Interaktion man hat – je enger man mit der Familie zusammenrückt, je mehr Freundschaften und Bekanntschaften man pflegt –, desto unwahrscheinlicher ist es, dass man als Mobbingopfer isoliert werden kann.

Außerdem haben Hobbys den Vorteil, dass man meist schon Kompetenzen auf dem Gebiet hat. Das stärkt das Selbstbewusstsein, eine Kernzutat für jede Mobbingverteidigung.

Zutritt nur für Befugte

Ich habe erst in der Highschool gemerkt, wie viel Spaß es mir macht, vor anderen zu sprechen. Vorher war es mir ein Graus gewesen, vor die Klasse zu treten und irgendetwas aufzusagen oder vorzulesen. Damals war es mir noch sehr unangenehm, anders zu sein – und ich meine nicht meinen australischen Akzent. Als ich Jugendlicher war, ermunterten mich meine Eltern, mich ein wenig mehr zu zeigen, damit mich die anderen auch kennenlernen konnten. Ich meldete mich häufiger in der Schule und ließ vor meinen Klassenkameraden auch mal mein Inneres durchscheinen.

Zu meiner großen Überraschung suchten die anderen nicht das Weite. Vielen machte es sogar Spaß, sich mit mir zu unterhalten und Dinge über mich zu erfahren. Manche wollten meine Freunde sein und auch nach der Schule noch mit mir Zeit verbringen. Und einige wenige öffneten sich mir sogar und vertrauten mir ihre Ängste und Sorgen an.

Wenn man wie Jenny und ich von Kind auf anders ist, entwickelt man ein besonderes Einfühlungsvermögen. Meine Behinderung hat mich verständnisvoller und einfühlsamer gemacht. Ich bin immer sofort bereit, jemandem zuzuhören, Mut zuzusprechen, und wenn es geht, ihn irgendwie zu unterstützen. Dass das etwas Besonderes ist, habe ich erst gemerkt, nachdem meine Eltern mich ermutigten, aus meinem Schneckenhaus herauszukommen.

Irgendwann fing ich an, das Reden vor der Klasse zu genießen. Und allmählich begriff ich, dass ich einen Draht zum Publikum habe. Jedes Mal, wenn ich entweder das Wort ergriff oder mir jemand sein Herz ausschüttete, fühlte ich mich gebraucht und lebendig. Ich weiß nicht, wie ich es beschreiben soll; es war einfach *aufregend*. Nicht unbedingt das *aufregend* einer wilden Fahrt im Vergnügungspark, obwohl es schon ein paar Parallelen gibt. Es war ein süchtig machender Kick. Einer, den ich immer und immer wieder haben wollte. Also nutzte ich immer mehr Gelegenheiten.

Irgendwann meinte dann der Hausmeister meiner Highschool, ich solle das doch beruflich machen. Zuerst hielt ich das für eine Schnapsidee.

„Und worüber soll ich reden?", wollte ich wissen. „Wer kommt denn schon extra wegen mir?"

„Sprich über dasselbe wie vor deinen Klassenkameraden", meinte er. „Sie lieben deine Geschichten, wie du dich mit deiner Behinderung arrangiert hast. Wie du versucht hast, dazuzugehören. Und wie du mit Humor und Esprit deine Probleme löst."

Dieser Hausmeister machte nicht nur sauber. Er war Christ, hatte immer ein offenes Ohr, und wir wurden richtige Freunde, weil ich mich immer mit ihm nach der Schule unterhielt, während ich auf meinen Abholdienst wartete. Er versuchte mich als Gastredner für eines seiner Treffen zu gewinnen. Zuerst wollte ich nichts davon wissen, aber irgendwann kriegte er mich herum. Die Gruppe war zum Glück sehr wohlwollend und hörte aufmerksam zu. Danach war der Damm gebrochen und ich redete vor jedem, der mich hören wollte. Und vor denen, die mich nicht hören wollten. (Na gut, manchmal stand ich an der Straßenecke und führte Selbstgespräche.)

Bevor ich überhaupt realisierte, was ich losgetreten hatte, stand ich schon vor dreihundert Leuten und wurde von Schulen und Organisationen eingeladen.

Der Rest ist Geschichte. Worauf ich hinauswill, ist, dass ich meine Leidenschaft entdeckt und schlussendlich mein ganzes Leben darauf gebaut habe. Mehr noch, ich habe meinen Lebenssinn gefunden – anderen Mut zu machen und ihnen Perspektiven zu eröffnen –, und das ist eins der wertvollsten Dinge in meiner Sicherheitszone.

Eine Sache entdeckte ich schon in den ersten Tagen meiner Rednerkarriere: Wenn ich gehänselt wurde oder irgendetwas danebenging und ich drauf und dran war, mich zu verkriechen und Trübsal zu blasen, dann musste ich nur an meinen letzten Auftritt oder die nächste Rede denken. Hinterher sagten mir die Leute nämlich oft, dass es ihnen gefallen habe. Meine Geschichte mache ihnen Mut, meinten sie. Sie bedankten sich bei mir – aber in Wahrheit war ich der Beschenkte. Sie hatten mir meinen Wert bestätigt, und das hinterlegte ich in meiner Sicherheitszone.

Das Reich der Möglichkeiten

Aus Jennys E-Mail konnte man herauslesen, dass es ihr mit ihrem Beruf ähnlich ging. In ihrer Tätigkeit fand sie Trost und Kraft.

„Ich bin Sozialarbeiterin und Beraterin im Gesundheitswesen bei einem großen Träger in Georgia", schrieb sie. „Ich arbeite als Fallmanagerin für ambulante Patienten und kümmere mich um die Ärmsten der Armen auf dem Land. Was soll ich sagen: Ich LIEBE meine Arbeit."

Und dann folgt der Satz in Jennys E-Mail, der mir gezeigt hat, dass auch sie eine Sicherheitszone hat, in der sie sich geschützt fühlt und auf das Gute im Leben konzentrieren kann. Sie nennt es das „Reich der Möglichkeiten": „In meinem Reich der Möglichkeiten gibt es durchaus den Fall, dass Gott mich oder dich eines Tages heilt, aber wenn nicht, dann soll es so sein und das ist okay. Es ist wirklich absolut okay! Mehr noch: Gott hat schon seine Gründe, warum ich das Apert-Syndrom habe. Gott wollte es so, und nur das zählt."

„In meinem Reich der Möglichkeiten" – das ist Jennys Sicherheitszone.

Denen, die Gott lieben, dienen alle Dinge letztendlich zum Besten. Lass dich von dem Gedanken trösten, dass Gott auf unserer Seite ist und auch aus schweren Zeiten Gutes machen kann. Jenny nimmt ihre Musik und das gute Gefühl aus ihrem erfüllten Job mit in ihre Sicherheitszone, sperrt die negativen Seiten ihres Lebens aus und blickt optimistisch in die Zukunft.

Du kannst deine Sicherheitszone nennen, wie du willst. Hauptsache, du nutzt sie regelmäßig. Sie ist ein wertvolles Werkzeug und ein wichtiger Rückzugsort, wenn dir böse Leute oder schwere Umstände an die Nieren gehen.

Wie errichtet man eine Sicherheitszone, und was braucht man dort, um Trost, Ermutigung, Geborgenheit und Selbstwert tanken zu können?

Nimm dir am besten ein Blatt Papier und notiere deine Antworten auf die folgenden Fragen. Behalte es in Reichweite, damit du das nächste Mal, wenn du gemobbt wirst oder vor einem Berg von Problemen stehst, eine Packliste zur Hand hast.

In meiner Sicherheitszone haben zwei Verse aus Psalm 139 einen festen Platz: „Du hast mich geschaffen – meinen Körper und meine Seele, im Leib meiner Mutter hast du mich gebildet. Herr, ich danke dir dafür, dass du mich so wunderbar und einzigartig gemacht hast! Großartig ist alles, was du geschaffen hast – das erkenne ich!"

Einen großen Anteil machen natürlich auch alle meine Erfahrungen aus, die ich mit Life Without Limbs machen durfte. Ich habe in so vielen Schulen, Kirchen, Gefängnissen, Waisenhäusern, Krankenhäusern, Stadien und auch Vieraugengesprächen wertvolle Begegnungen mit Menschen gehabt! Und allen, die ich kennenlerne, sage ich, wie wertvoll sie sind. Weil es so ist.

Auch du bist übrigens wunderbar und einzigartig! Das kann dir niemand absprechen. Diese Würde ist dir gegeben – vom Schöpfer der Welt höchstpersönlich.

Gott hat aus meinem Leben, das andere als völlig unbedeutend einstufen würden, etwas Sinnvolles gemacht. Durch ihn habe ich viele Menschen berührt (bzw. er sie durch mich!). Wow. Gott hat auch für dein Leben etwas Gutes im Sinn. Und das ist die ultimative Sicherheitszone!

Bauanleitung für eine Sicherheitszone

1. Was gefällt anderen an dir?
2. Wofür bekommst du von deinen Eltern, Freunden oder Lehrern Komplimente? Wofür wirst du gelobt?
3. Was macht dir am allermeisten Spaß?
4. Was tut dir gut und fasziniert dich so sehr, dass du die Zeit vergisst?
5. Wie könntest du dein Leben noch besser auf die Dinge ausrichten, die dich erfüllen und dir das Gefühl geben, du leistest einen Beitrag in dieser Welt?
6. Wie sieht deine Traumzukunft aus?
7. Wer liebt dich ohne Wenn und Aber?
8. Welche Texte, Musik, Filme, Bücher, Kunstwerke, Fotos, Tiere oder Aktivitäten lassen dich deine Sorgen vergessen?
9. Was macht dir so viel Freude, dass du es den Rest deines Lebens nicht missen möchtest? Wie könntest du damit deinen Lebensunterhalt verdienen?
10. Was war das Schönste, das jemand für dich getan hat? Wie könntest du einem anderen Menschen so ein Erlebnis bereiten?

11. Wer aus deiner Verwandtschaft oder deinem Freundeskreis braucht im Augenblick eine starke Schulter zum Anlehnen? Wie könntest du ihm oder ihr helfen?

12. Wärst du bereit, zur Sicherheitszone eines anderen zu gehören? Wie fühlt sich dieser Gedanke an?

13. Wie könnte dir Gottvertrauen in deiner Situation weiterhelfen? Welche Stoßgebete helfen dir am meisten, wenn du gestresst oder nervös bist?

Denk dran:

- Jeder kann sich in seinem Verstand eine Sicherheitszone einrichten, in die er sich im Krisenfall zurückzieht und Kraft und Ruhe schöpft.

- Kurzsichtiges Denken macht Mobbing schlimmer. Schau nach vorn! Es liegen bessere Zeiten und ungeahnte Möglichkeiten vor dir. Auch wenn gerade alles düster aussieht; auch die längste Nacht geht vorüber.

6 — Hol dir Verstärkung

Bau dir ein Netz aus starken Beziehungen

Früher waren alle, die mich hänselten, meine Feinde. Sie wollten nur eins: mich mit ihren Worten und ihrem Verhalten verletzen. Es kam mir nie in den Sinn, dass einer meiner Peiniger irgendwann mein Freund sein könnte. Bis ich Zeke kennenlernte. Das war damals, in der Highschool, als ich krampfhaft versuchte dazuzugehören. Ich tat cool, fluchte in einem fort und zeigte den anderen Christen in meiner Schule die kalte Schulter. Aus irgendeinem Grund war mir gerade die Meinung der atheistischen, kiffenden und lästernden Klassenkameraden wichtig. Sie waren keine schlechten Menschen, versteh mich nicht falsch. Viele hatten einen guten Kern. Und nicht wenige davon hatten ein schwieriges Elternhaus und versuchten, als Kinder Erwachsenenprobleme zu lösen. Ich will sie nicht schlechtmachen.

Ich wünschte, ich hätte ihnen helfen können, aber damals hatte ich selbst Hilfe nötig. Ich war verwirrt, mir war mein Glaube abhandengekommen, und ich tat alles, um nicht ich selbst zu sein.

Mobbing kann sehr subtil sein. Es muss nicht direkt und frontal sein. Manch einer manipuliert geschickt andere, um seine Interessen zu wahren. Straßengangs funktionieren oft so. Sie suchen sich Einzelgänger aus kaputten Familien, wo die Eltern mit der Erziehung überfordert sind, und erfüllen das Bedürfnis nach Geborgenheit und Unterstützung. Ist das neue Mitglied erst einmal angeworben, wird es so manipuliert, dass es die Drecksarbeit erledigt – als Drogendealer, Waffenträger, Schläger, Dieb usw.

Diese vermeintlichen „Freunde" versuchen oft, einem einzureden, wer man sei. Das ließ ich bei mir selbst eine Zeit lang zu. Ich ließ mich von anderen beeinflussen, änderte mein Verhalten, dachte anders über mich. Ich schenkte ihnen Gehör und ignorierte die Stimme in mir, die sagte: *Das ist falsch. Du bist nicht so.*

Der Augenblick, als mir klar wurde, wie sehr ich mich schon von mir entfernt hatte, kam, als Zeke mir eine Zigarette anbot. Fluchen war eine Sache, aber meine Gesundheit ruinieren kam nicht infrage. Es ist schlimm genug ohne Arme und Beine, aber ohne eine gesunde Lunge kann ich gleich den Löffel abgeben. Ohne Witz.

Davon abgesehen: Dass jemand mich ernsthaft fragte, ob ich eine rauchen will, kam mir merkwürdig vor. Eigentlich ist es doch ziemlich offensichtlich, oder sollte es zumindest sein, dass ich nicht gerade der geborene Raucher bin – es sei denn, es gibt inzwischen eine Zigarette, die man freihändig rauchen kann!

Als Zeke mir die Zigarette anbot, dachte ich nur, *er hat keinen blassen Schimmer, wer ich bin.* Kurz darauf schoss mir der Gedanke durch den Kopf, dass ich selbst keine Ahnung hatte, wer ich war; sonst hätte ich mir nicht ausgerechnet Zeke als Freund gesucht.

Wie gesagt, ich will ihn wirklich nicht schlechtmachen. Er war kein schlechter Mensch, nur nicht der richtige Umgang für mich.

Es war nicht sein Fehler. Er nahm sicher an, dass ich rauchte, weil das zu dem passte, wie ich mich sonst aufführte – der coole Typ mit dem lockeren Mundwerk. Damals wurde mir zum ersten Mal eine Grundregel von Beziehungen klar: Die Menschen gehen mit dir nach deinem Verhalten um, nicht nach dem, was du denkst oder fühlst.

Ich hielt mich vielleicht noch für den tollen Christen, aber mein Verhalten sagte etwas anderes. Das wurde deutlich, als Zeke die Zigarette herausholte, mir anbot und sagte: „Mann, Nick, du hast

vielleicht ein Sch***leben. Ich wäre so was von angep***, wenn ich
du wäre. Da hilft nur eine Kippe, anders erträgt man das nicht."

Ich kapierte nicht, wieso eine Zigarette mein Leben dramatisch
verbessern oder meine Wutprobleme lösen sollte. Ich bin vielleicht
komisch, aber es hört sich für mich einfach nicht nach Entspan-
nung an, brennende, in Papier eingewickelte Blattschnipsel in den
Mund zu stecken, damit der Rauch in meine Lunge dringt. Ich
kannte einige Raucher. Immer, wenn sie in meiner Nähe ihre
Glimmstängel ansteckten, musste ich husten. Meine Klamotten
stanken danach. Wie sollte mir das alles helfen, mein Leben zu ertragen?

Nicht zuletzt hatten meine Eltern mir beigebracht, dass Rauchen schlecht für die Gesundheit ist und meinen Körper zerstört.
Ich kam also gar nicht erst in Versuchung.

„Danke, aber nein danke", meinte ich zu Zeke.

„Sicher?", vergewisserte er sich. „Ich halt sie auch für dich."

Zeke dachte, er täte mir einen Gefallen. Ich fand sein Angebot
rührend, so unpassend es auch war. Der coole Zeke wollte nett sein
und Mitgefühl zeigen.

„Nein danke, lass mal", sagte ich.

Er bot mir nie wieder eine Zigarette an. Ich schätze, er hätte
mich gar nicht erst gefragt, wenn ich nicht den Eindruck erweckt
hätte, dass Rauchen attraktiv für mich wäre. Ich trug eine Maske
und hängte mich an Leute, die nicht gerade das Beste in mir her-
vorbrachten. Und manche von ihnen versuchten mich unbewusst
oder bewusst dazu zu animieren, Zigaretten und Marihuana zu
rauchen.

Womöglich wäre ich bei Alkohol und härteren Drogen gelandet,
hätte ich mich nicht besonnen und wäre zu einem Freundeskreis
zurückgekehrt, dessen Werte mehr mit meinen übereinstimmten –
oder übereinstimmen sollten.

Es stimmt, dass ich während dieser kurzen Phase in der Highschool, als ich um jeden Preis zu den Coolen gehören wollte,

zunächst von niemandem mehr gemobbt wurde. Andererseits wurde ich von manchen sogenannten „Freunden" auf subtile Weise in eine Richtung geleitet, die mich letzten Endes nur noch anfälliger für Mobbing und Manipulationen gemacht hätte.

Freunde, in guten wie in schlechten Zeiten

Die meisten Menschen schätzen sich glücklich, wenn sie einen oder zwei wirklich verlässliche Freunde haben. Mach dir oder jemand anderem also keinen großen Druck, einen riesigen Kreis aus engen Freunden aufbauen zu müssen. In unserer flexiblen und mobilen Welt ist das eine Seltenheit geworden. Wenn du ein paar gute Kumpels hast, ist das großartig, aber ein echter Freund kann ein richtiger Segen sein. Das Wichtigste ist aber: Sei dein eigener Freund, und dazu gehört, aufzupassen, mit wem du deine Zeit verbringst.

> Sei dein eigener Freund,
> und dazu gehört, aufzupassen,
> mit wem du deine Zeit verbringst.

Deine Freunde können den besten Einfluss auf dich haben oder den schlechtesten. Sie können dich vor Mobbing schützen oder dich eiskalt abservieren. Deswegen ist es so wichtig, seine Freunde sorgfältig auszuwählen.

Meine einfache Grundregel für Freunde und Verbündete lautet: Diejenigen, denen ich am meisten vertraue, sollten mich dazu animieren, besser, weiser, liebevoller, offener, hilfsbereiter, vertrauenswürdiger, mitfühlender, gottesfürchtiger, dankbarer und vergebungsbereiter zu werden.

Solche Freunde machen einen mobbingresistent. Ein Schulhoftyrann wird es sich zweimal überlegen, ob er sich mit jemandem anlegt, der einen guten Freundeskreis hat. Und selbst wenn dein Albtraum plötzlich vor dir steht und dir den Tag verdirbt, werden dir deine engen Freunde zur Seite stehen.

Es kann einem nur das gestohlen werden, was man leichtfertig herumliegen lässt, worum man sich nicht kümmert. Wenn du Freunde hast, die dir ein gutes Gefühl geben, dich unterstützen, ermutigen und das Beste aus dir herauskitzeln, kann dir das niemand mehr nehmen.

Deine Verstärkung sollte aus Gleichaltrigen, aber auch aus Älteren wie deinen Eltern, Verwandten, Lehrern, Trainern oder dem Pastor bestehen. Sie alle sollte eine positive Lebenseinstellung, Vertrauenswürdigkeit und der Wille verbinden, dich zu unterstützen. Sie sollten in dir den Wunsch wecken, dich zum Positiven weiterzuentwickeln.

Alle Mann an Bord?

Hast du dir je die Zeit genommen, dein engeres Umfeld dahin gehend abzuklopfen, ob es dir gut tut? Wenn nicht, mach das doch jetzt. Nimm dir ein Blatt Papier und liste die wichtigsten Menschen in deinem Leben auf. Diejenigen, die den größten Einfluss auf dich haben. Mit denen du die meiste Zeit verbringst. Dann nimmst du dir einen nach dem anderen vor und beantwortest die folgenden Fragen:

1.   Respektieren wir uns gegenseitig? Warum? Warum nicht?
2.   Herrscht Vertrauen zwischen uns? Warum? Warum nicht?
3.   Bekomme ich von dieser Person Ermutigung und Unterstützung?
4.   Sorgt diese Beziehung dafür, dass ich ein besserer Mensch sein will?

5. Wenn ich gemobbt werden würde, würde mir diese Person Beistand leisten?
6. Was kann ich von ihm/ihr lernen?
7. Sollte ich ihm/ihr ein besserer Freund sein? Oder sollte ich Abstand gewinnen?
8. Werde ich auf lange Sicht eng mit dieser Person verbunden sein?
9. Haben wir eine ähnliche Grundeinstellung und Werte?
10. Sind wir in der Beziehung gleichberechtigt, oder ist einer von uns abhängig vom andern?
11. Bringt mich diese Person dazu, schlechte Dinge zu tun, die ich sonst nicht tun würde?
12. Ist Glaube zwischen uns ein Tabuthema?
13. Freut sich diese Person über meinen Erfolg, oder ernte ich nur Neid?

Sieh dir die Antworten zu jeder Person an. Welcher von ihnen mit gutem Einfluss solltest du dich an die Fersen heften, und welche solltest du in Zukunft eher meiden?

Es ist wichtig, die Beschaffenheit seiner Freundschaften zu kennen, weil der Mensch sich an alles gewöhnt und dann auch an Beziehungen festhält, die eigentlich eher schädlich sind.

Wie du mir, so ich dir?

Denk dran: Bitte nur um das, was du auch selbst zu geben bereit bist. Ich würde dir sogar empfehlen, mehr zu geben, als du nimmst, vor allem bei denen, die dich unterstützen und ermutigen. Stell dir deine Freundschaften wie einen Kühlschrank in einer WG vor. Wenn du Brot und Wurst herausnimmst, solltest du auch wieder etwas hineintun für den Nächsten. Ich kann gar nicht genug betonen, wie wichtig es ist, sich mit positiven Menschen zu umgeben, und wie gefährlich es ist, sich bei denen aufzuhalten, die die schlechten Seiten in einem hervorbringen.

Ein junger Mann namens Lester schrieb mir über seine Erfahrungen mit Freunden. Er beschrieb sich selbst als „einen kleinen Rebell, der in einer kaputten Familie" groß geworden ist. „Ich habe viel Schaden davon getragen, hatte oft Angst und war nie glücklich. Als ich klein war, hat man mich gehänselt, weil ich dick war, und ich hatte viele Jahre Selbstwertprobleme."

Anstatt sich Freunde zu suchen, die ihn aufbauten und ermunterten, sich weiterzuentwickeln, geriet Lester in ein Umfeld, das ihn noch weiter nach unten zog.

„Ich fing an zu trinken, weil ich dachte, niemand liebt mich. Ich suchte dauernd an den falschen Orten nach Glück. Mädchen aufreißen, Sex, Alkohol, Partys, illegale Straßenrennen und Pornos, das waren meine vermeintlichen Glücksoasen."

Lester manövrierte sich in ernsthafte Schwierigkeiten. Seine Freunde ließen ihn geradewegs auf eine Bruchlandung zusteuern. Glücklicherweise nahm er vorher einen Umweg, der ihm wohl das Leben rettete. Er lernte neue Leute kennen, darunter den bald wichtigsten Freund seines Lebens. Lester nahm an einer Jugendveranstaltung der Kirche teil, „wo ich dank des Heiligen Geistes zum ersten Mal verstand, dass Jesus Christus mich liebte und nie von meiner Seite gewichen war. Das krempelte mein Leben um", schrieb er.

„Ich hörte Gottes Stimme, dass er mich gebrauchen kann … 100%ig! Im Augenblick arbeite ich mich durch die Bibel und lese jeden Tag darin, um noch besser zu Jugendlichen sprechen zu können. Mein Bruder und ich bereiten einen Dokumentarfilm vor, über das Leben als Jugendlicher heutzutage. Außerdem habe ich eine Jugendgruppe gegründet, zu der fünfzehn Leute kommen. Weißt du, in meiner Gegend gibt es viele kaputte Familien. Viele Jugendliche fühlen sich verloren, und ich habe mein ganzes Leben der Aufgabe gewidmet, ihnen zu helfen. Ich weiß jetzt, wofür ich lebe … Ich möchte anderen Jugendlichen ein Vorbild sein."

Ein Ziel zu haben zieht Verstärkung an

Lester hat es am eigenen Leib erfahren: Ein Ziel zu haben weckt Kräfte. Es ist wie ein Magnet, der andere Leute mit gleicher Gesinnung anzieht. Seit ich mit der Gründung von Life Without Limbs mein Lebensziel öffentlich gemacht habe – überall auf der Welt Menschen zu sagen, dass es Hoffnung gibt und einen Gott –, bin ich immer wieder erstaunt, mit welcher Begeisterung Menschen Kontakt mit mir aufnehmen und mir Unterstützung anbieten.

Einer von ihnen heißt Ignatius Ho und ist ein erfolgreicher Buchhalter und Geschäftsmann aus Hongkong. Was auch immer er anpackt, er tut es mit Herzblut. Es ist ihm ein besonderes Anliegen, junge Menschen auf der Suche nach einem Lebensziel zu begleiten. Er hat zwei Söhne im Teenageralter, einer davon mit Autismus, also hat Ignatius auch eine Antenne für Menschen mit Beeinträchtigungen.

Als er vor etwa sechs Jahren eines meiner Videos auf YouTube sah, beschloss er, dafür zu sorgen, dass meine Botschaft auch in China gehört wird. Ich kannte ihn vorher nicht, aber durch seine Aufrichtigkeit, Selbstlosigkeit und große Energie gewann er schnell mein Vertrauen. Ignatius ist wie eine Naturgewalt.

Ich sage immer aus Spaß, wenn man im Wörterbuch *Glaube in Aktion* nachschlägt, findet man ein Bild von Ignatius, weil er ein Weltmeister im Dingeumsetzen ist. Als er beschloss, dass ich durch China touren sollte, gab es für ihn kein Halten mehr. Er nahm eine Hypothek auf sein Haus auf, verkaufte sein Auto und gewann die Unterstützung einiger Kirchen, um das Stadion für meinen ersten Auftritt anmieten zu können. Anfangs hielten Leute ihn für verrückt und meinten, kein Chinese würde sich anhören wollen, was ein Ausländer über seinen Glauben zu erzählen hat.

Ignatius meinte zu mir: „Ich musste mein ganzes rationales Denken abschalten und mich nur auf Gott verlassen. Ich hatte keinen Plan B. Es gab nur Plan A, und Gott würde schon die richtigen

Türen öffnen." Seine harte Arbeit und seine Opfer waren nicht umsonst. Die Veranstaltung war einer der Höhepunkte meines Lebens! Das Stadion war bis auf den letzten Platz gefüllt. Tausende Menschen machten einen Neuanfang mit Gott.

Heute ist Ignatius der Leiter unserer Filiale in Hongkong und betreut unsere Arbeit in ganz China und weiten Teilen Asiens. Als er 2008 Kontakt zu mir aufnahm und wir uns persönlich trafen, schilderte er mir seinen großen Wunsch, den jungen Menschen in Asien meine Botschaft der Hoffnung zugänglich zu machen. Und bis heute hilft er mir auf großartige Weise dabei.

„In unserer Kultur vergleichen sich die Menschen ständig miteinander, und man guckt sehr schnell nur auf das, was man nicht hat, auf seine Grenzen", erklärte Ignatius damals.

Er ist der Meinung, dass die Kultur Asiens Eltern dazu antreibt, die Fehler ihrer Kinder ausmerzen zu wollen und sie zu wenig für das zu loben, was sie erreicht haben. Schwächen stehen stärker im Fokus als Stärken. Eltern neigen auch dazu, den Beruf für ihre Kinder vorzugeben und dabei nur auf das Gehalt zu schauen, anstatt ihnen die Freiheit zu geben, ihren eigenen Weg zu gehen.

„Geld steht an erster Stelle", sagt Ignatius, „und die meisten Eltern übergehen die Wünsche ihrer Kinder und schreiben ihnen vor, was sie studieren und welche Karriere sie anstreben sollen. Deswegen ist die junge Generation nicht glücklich und fühlt sich verloren, was Ziele im Leben angeht."

Ignatius möchte, dass junge Menschen Hoffnung haben und ihre Träume verfolgen, und er wurde schnell zu meinem größten Fürsprecher und Unterstützer in Asien. Er hat schon mehrere Rednertouren für mich organisiert, die mich in mehr als ein Dutzend Länder in seinem Teil der Welt geführt haben. So eine komplette Tour ist ein sehr komplexes Unterfangen, aber ich habe gelernt, dass Ignatius durch schiere Willenskraft alle Hürden nimmt.

Wer zu deinem Verstärkungsteam gehört, dem liegt dein Wachstum am Herzen. Er möchte, dass du deine eigenen Erwartungen übertriffst. Ignatius hat nicht nur meine Touren organisiert, er hat mich als Musikliebhaber auch ermuntert, meinen musikalischen Interessen nachzugehen und eine CD mit Kinderliedern aufzunehmen.

Mein bescheidener Freund Ignatius hat in Hongkong zwei gemeinnützige Musikprojekte auf die Beine gestellt. Sein Projekt „Musikengel" bringt bekannte Musiker zu Kindern mit Behinderungen. Ignatius gründete auch das *Metropolitan Youth Orchestra of Hong Kong*, MYO, ein Jugendorchester, das über 250 jungen Musikern aus 120 Schulen die Gelegenheit für musikalische Weiterbildung und Auftritte bietet. Das MYO, dessen Motto „musikalische Höchstleistungen mit Herz" ist, tritt in aller Welt auf, oft auf Wohltätigkeitsveranstaltungen, wo sie von berühmten Dirigenten geleitet und von den besten Musikern unterstützt werden.

Sein Verstärkungsteam aufzubauen kann einen Schneeballeffekt haben. Ein guter Freund zieht den nächsten an. Genau das geschah, als ich mich mit Ignatius zusammentat. Über ihn lernte ich Mr Vu, einen reichen Geschäftsmann in der Stahlindustrie, kennen, der inzwischen mein größter Unterstützer in Vietnam geworden ist.

Mr Vu hat genau dasselbe Ziel wie wir: Er will jungen Menschen helfen, Hindernisse anzupacken und zu überwinden. Übrigens: Solange man in einer Sache wirklich an einem Strang zieht, muss man nicht unbedingt in allen Dingen einer Meinung sein. Das habe ich bei Mr Vu gelernt.

Mr Vu ist kein Christ. Er ist strenggläubiger Buddhist. Aber er pocht nicht auf unsere glaubenstechnischen Unterschiede. Wie ein echter Freund konzentriert er sich auf das, was wir gemeinsam haben. Er hat Knochenarbeit geleistet, um Rednertouren in Vietnam für mich auf die Beine zu stellen, und der Erfolg dieser Reisen hat uns beide überrascht. Für eine Veranstaltung musste er einmal über eine Million Dollar aus seinem Privatvermögen auf den Tisch legen, um ein Stadion zu mieten. Wir rechneten mit einer relativ schwach besetzten Veranstaltung, aber am Ende kamen über 35.000 Zuhörer. Mr Vu flog mit uns sogar nach Kambodscha, damit ich dort auftreten konnte.

Verstärkung gesucht

Ignatius Ho und Mr Vu gehören inzwischen fest zu meinem weltweiten Backup-Team. Beide konnten sich mit meinem Ziel identifizieren, Hoffnung zu entfachen und das Leben lebenswert zu machen. Auch deine Verstärkung wird umso mehr wachsen, je deutlicher du zeigst, wofür du brennst. Darüber hinaus wirst du in Vereinen, Organisationen und Gruppen, die dieselben Interessen haben wie du, leicht Freunde finden.

Deine Mobbingverteidigung ist am stärksten, wenn du stark bist. Das gilt auf mehreren Ebenen: Wenn du körperlich fit bist und trainierst, wirst du im Sport Kameraden finden, die zu Freunden werden und dich unterstützen können. Stark zu sein tut natürlich auch dem Selbstwertgefühl gut. Wer legt sich schon gern mit jemandem an, der fit ist und Selbstvertrauen ausstrahlt?

Selbstverteidigungssport ist eine weitere Möglichkeit, Sport zu treiben, Freunde zu finden und die Mobbingverteidigung auszubauen. Dafür muss man kein Riese und kein Muskelpaket sein. Das Training ist zum Teil extra dafür ausgelegt, wie man sich als kleinere Person gegen größere Angreifer wehren kann.

Wenn deine körperliche Fitness das hergibt, lege ich dir Kampfsportarten ans Herz, vor allem diejenigen, bei denen man sich verteidigt, ohne dem Gegenüber ernsthaften Schaden zuzufügen. Ich bin kein Freund von Gewalt, aber auch ich musste mich schon so gut es ging zur Wehr setzen, und je mehr man über Selbstverteidigung weiß, desto fähiger und selbstbewusster geht man mit einer drohenden Eskalation um.

Einer der besten Effekte von Kampfsportarten ist das wachsende

Selbstbewusstsein und die Fähigkeit, ruhig zu bleiben, wenn man bedroht wird – weil man kompetenter geworden ist. Viele Täter schrecken vor der tatsächlichen Gewalt zurück, wenn sie sehen, dass sich ihr Opfer nicht einschüchtern lässt oder dank des Trainings leicht aus ihrem festen Griff ums Handgelenk oder dem Schwitzkasten befreien kann.

Such dir einen Kampfsport, bei dem es hauptsächlich um den Eigenschutz geht und weniger darum, zu kämpfen, Menschen zu verletzen oder in Wettstreit zu treten. Viele Kampfsportlehrer empfehlen Mobbingopfern Jiu-Jitsu, weil man in den meisten Spielarten davon Techniken lernt, wie man sich aus Würgegriffen und Ähnlichem befreit.

Wenn ich Kampfsport machen könnte, würde ich gern Aikido probieren. Es enthält Elemente des Jiu-Jitsu, ist aber betont defensiv. Aikido ist deswegen so toll, weil man lernt, wie man die Stärke und Energie des Gegners nutzt, um den Angriff abzuwehren. Um Aikido zu lernen, muss man nicht besonders groß und stark sein. Deswegen eignet sich diese Kampfkunst besonders für uns kleine Leute, die oft Mobbingopfer werden.

Kampfsport zu betreiben ist ein richtiges Rundumprogramm. Man lernt Selbstdisziplin, Gefahreneinschätzung, Koordination, Flexibilität und gewinnt innere und äußere Stärke.

Selbst wenn du deinem Gegenüber nicht wehtust, wird dich dein Peiniger nicht noch einmal angreifen, wenn er weiß, dass du Selbstverteidigung beherrschst. Deine Trainingspartner können außerdem zu deinen Freunden werden, die zu dir halten und dich unterstützen, ein weiterer Hinderungsgrund für deine Gegner. Aber denk dran: Kämpfe nur, wenn du angegriffen wirst und es keinen anderen Ausweg gibt. Das sage ich nicht, weil ich so weichherzig bin. Ich kenne Leute, die sich wegen irgendwelcher Kleinigkeiten auf einen Kampf eingelassen haben, und plötzlich war ein Messer oder eine Pistole im Spiel, und die Sache eskalierte. Deswegen bin ich gegen Gewalt, wo immer es geht.

Mach den ersten Schritt

Wenn man der Neue oder irgendwie auffällig ist, kann es eine Riesenhürde sein, Freunde zu finden. Das habe ich beides am eigenen Leib erlebt. Du erinnerst dich: Ich war der Neue an der Schule, der Einzige im Rollstuhl, der Einzige ohne Arme und Beine und der Einzige mit einem australischen Akzent!

Und dann habe ich obendrein auch noch einen dummen Fehler gemacht. Ich legte mich mächtig ins Zeug, um meinen Akzent loszuwerden und wie ein Amerikaner zu klingen. Und dann, nach ein paar Monaten, merkte ich, dass die amerikanischen Mädchen auf den australischen Akzent standen! Du weißt gar nicht, wie schnell ich wieder der Vollblutaustralier war.

Es war genauso falsch, meinen Akzent zu verstecken, wie meinen Glauben zu verbergen, damit ich dazugehören konnte. So eine Taktik geht selten auf. Man kann nicht dauerhaft verstecken, wer man ist. Oder woran man glaubt. Mein Rat ist daher: Sei du selbst und suche aktiv Menschen, bei denen du mit deinem wahren Ich angenommen wirst. Jeder von uns ist mal einsam. Es gibt niemanden auf dieser Welt, der sich nicht an der einen oder anderen Stelle in seinem Leben ausgeschlossen oder anders gefühlt hat. Aber die gute Nachricht ist: Du kannst dagegen etwas tun, und das solltest du auch. Der erste Schritt ist, nicht mehr länger darauf zu warten, dass die Welt zu dir kommt. Werde selbst aktiv.

Den folgenden Bericht erhielt ich über Life Without Limbs von einem Jugendlichen:

Ich bin querschnittsgelähmt, seit ich drei war, und habe lange Zeit damit zu kämpfen gehabt, mich selbst anzunehmen, von anderen angenommen zu werden und in einer Situation festzustecken, die ich nicht ändern kann. Aber mit Gottes Hilfe bin ich aus meinem Schneckenhaus herausgekommen und habe mich so akzeptiert, wie ich bin. Jetzt möchte ich meine Erfahrungen weitergeben. Wenn ich zurück-

*blicke, bin ich mit einer Familie gesegnet, die für meine Rechte ge-
kämpft hat, und mit einigen lieben Leuten, die hinter die äußere Behinderung sehen konnten. Sie sind zu meinen engsten Freunden
geworden.*

Die Geschichte schlug bei mir sofort ein. Schließlich hatte ich meine
Jugendjahre mit demselben Kampf verbracht. Meine Eltern hatten
mich immer versucht zu animieren, auf meine Klassenkameraden
zuzugehen. „Du bist doch ein pfiffiger Junge", meinten sie damals.
„Die Leute werden dich mögen, aber du darfst nicht von ihnen erwarten, dass sie auf dich zukommen. Manchmal musst du den Anfang machen. Mach mit im Unterricht. Rede mit deinen Klassenkameraden. Hilf ihnen, dich kennenzulernen!"

Ich wollte es nicht zugeben, aber meine Eltern hatten recht.
(Nicht weitersagen!) Als ich dann endlich anfing, in der Klasse he-
rumzualbern, zu lächeln und auf dem Flur mit den anderen zu reden, kamen sie darüber hinweg, dass ich im Rollstuhl saß und ein
paar Anhängsel weniger hatte. Sie akzeptierten mich noch viel
schneller, als ich gedacht hatte.

Wenn du das nächste Mal irgendwo der Neue bist, ob nun in
einer Schule, einer neuen Stadt oder auf der Arbeit, tu mir einen
Gefallen: Mach bloß nicht einen auf Nick Vujicic und versteck
dich im Gebüsch … wie ich am Anfang. Das bringt überhaupt
nichts, und außerdem hocken dort die Mücken! Haben dich schon
einmal die Mücken aufgefressen? Und jetzt stell dir vor, die Mücken fressen dich auf und du hast keine Hand, mit der du kratzen
könntest! Es ist die Hölle!

Anstatt dich zu verstecken und noch mehr zu isolieren, mach es
zu deiner Aufgabe, Freunde zu finden. Aber streng dich nicht zu
sehr an. Mach es nicht so wie einer aus meiner Schule, der jedem
fünfundzwanzig Cent anbot, wenn er sein Freund sein durfte. (Ich
ließ ihn zappeln, bis das Angebot auf fünfzig Cent gestiegen war!)
Such dir stattdessen Leute, die dieselben Interessen haben wie du.

Investiere Zeit und hilf in gemeinnützigen Projekten mit. Das Ziel ist, Gemeinsamkeiten zu finden und darauf aufzubauen. Es geht nicht darum, andere zu beeindrucken. Sei einfach du selbst und lass die anderen selbst darauf kommen, wie cool du bist.

Es kostet Mut und Geduld, sich zu öffnen und aus sich herauszukommen. Glaub mir, ich weiß das. Aber je mehr Freunde du hast, desto widerstandsfähiger wirst du gegen Mobbing und schwere Krisen im Leben. Einsamkeit überkommt jeden von uns einmal, aber sie ist keine unheilbare Krankheit. Man kann sie wieder loswerden. Öffne dich der Möglichkeit, dass es andere humanoide Wesen auf diesem Planeten geben könnte, die gern mit dir befreundet sein wollen. Womöglich bist du liebenswürdiger, als du denkst!

Anna wohnt auf den Britischen Inseln und hat uns ihre Geschichte geschickt. Ich fand sie sehr inspirierend. Anna hat ein großartiges Wesen, zeigt Mut und Entschlossenheit. Anstatt in Selbstmitleid zu baden und das Opfer zu spielen, hat sie den ersten Schritt getan, Freunde gefunden und ihren Rückhalt kräftig ausgebaut. Sie schreibt:

Ich leide an Muskelhypotonie (fehlende Muskelspannung), habe also im Prinzip schwache Muskeln und kann vieles nicht machen, was andere können. Ich wurde deswegen viel gehänselt, nicht nur von anderen Kindern, sondern auch von den Sportlehrern; sie begriffen nicht, dass das eine Art Behinderung ist, und machten mir immer wieder Druck, mich noch mehr anzustrengen, obwohl ich längst alles gab. Im vorletzten Schuljahr bin ich dann an eine andere Schule gegangen, weil ich es nicht mehr ausgehalten habe. Außerdem hatte auf der alten keine Freunde …

In der neuen Schule gab es einen speziellen Raum, wo man hingehen konnte, wenn man sich nicht zu den anderen nach draußen traute oder noch nicht so gut lesen, schreiben usw. konnte. Schon nach einer Woche hatte ich lauter nette Leute kennengelernt, und ich wurde einfach so angenommen. Alle waren verständnisvoll, ich brauchte keine Angst mehr zu haben, und es war einfach toll.

Eines Tages erzählte mir einer meiner neuen Freunde von einer Jugendgruppe in einer Kirchengemeinde, und ich dachte, das wäre eine gute Möglichkeit, mein Selbstbewusstsein aufzubauen usw. Ich war erst ziemlich nervös, aber dann bin ich doch hingegangen und ich habe es nicht bereut. Die ersten Wochen habe ich mich zwar in einer Ecke verkrochen, aber nach und nach bin ich aufgetaut. Bei den Treffen der Jugendgruppe gibt es immer eine zehnminütige Andacht über Gott. Ich bin in einer atheistischen Familie aufgewachsen und hatte ziemlich wenig Ahnung davon, aber ich war nie der Meinung, dass es da oben niemanden gibt. Ich dachte immer nur, dass ich mir erst eine Meinung dazu bilden kann, wenn ich mehr darüber weiß. Durch das Jugendcafé „Spotlight" und durch die Bastelnachmittage für Kinder, bei denen ich half, fing ich allmählich an darüber nachzudenken, ob es tatsächlich einen Gott gibt. Also bin ich auf einem Bastelnachmittag zu einem von den Jungs gegangen und habe ihm das gesagt, und er gab mir ein kleines Buch über das Gebet; ich solle es lesen und ihm dann sagen, was ich davon halte.

Ich nahm das Buch mit und an jenem Abend machte ich meine Zimmertür zu und betete zum ersten Mal in meinem Leben. Es war ein tolles Gefühl, als wäre Gott direkt neben mir. Seitdem bete ich oft, lese in der Bibel, besuche Bibelkreise usw. Eines Tages habe ich dann beschlossen, mich taufen zu lassen. Mein Vater kam sogar zur Taufe! Zuerst meinte er, er würde nicht bis zum Ende bleiben, aber dann blieb er doch. Er aß sogar noch mit zu Mittag, unterhielt sich mit den Leuten und fühlte sich wohl. Seitdem war er zwar nie wieder im Gottesdienst, aber ich hoffe, dass er und der Rest meiner Familie irgendwann Gott noch kennenlernen.

Wenn ich daran denke, was ich früher in Nicks Videos gesehen habe, muss ich sagen, es stimmt: Egal, wer du bist, wie du aussiehst oder was die Leute über dich denken, du bist einzigartig, und Gott liebt dich so, wie du bist.

Nachdem Anna beschlossen hatte, sich nicht mehr selbst zu bemitleiden und etwas gegen ihre Einsamkeit zu tun, entdeckte sie eine wichtige Grundregel: Der erste Schritt auf dem Weg zu neuen Freunden ist, sich selbst ein Freund zu sein. Du bist wertvoll und hast es verdient, wie ein echter Freund behandelt zu werden. Und weil Gott dich liebt, bist du nie wirklich einsam oder vergessen. Nimm das als eine feste Basis und öffne dich. Lass andere sehen, was du für ein wundervoller Mensch bist. Bei Anna hat es funktioniert, und das wird es bei dir auch!

Denk dran:

- Starke und belastbare Beziehungen sind deine beste Verteidigung gegen Mobbing. Freunde, die füreinander da sind, sind unschätzbar wertvoll. Echte Freunde wollen dein Bestes, und wenn du in ihrer Nähe bist, wirst auch du dein Bestes wollen.
- Als Jugendlicher wünscht man sich einen ganzen Haufen Freunde, mit denen man durchs Leben gehen kann. Wenn du einen großen Freundeskreis von Leuten hast, denen du vertraust, ist das toll, aber selbst eine einzige vertrauensvolle Freundschaft ist ein großes Geschenk.
- Der beste Weg, Freundschaften zu knüpfen, ist, selbst ein guter Freund zu sein.

7 — Bis hierher und nicht weiter

Kontrolliere deine Gefühle und gewinne die Schlacht im Innern

Erinnerst du dich noch an das letzte Mal, wo jemand dich auf dem Kieker hatte? Hat derjenige etwas Gemeines gesagt? Ein Gerücht in die Welt gesetzt? Ein unvorteilhaftes Foto gepostet oder andere gegen dich aufgewiegelt? Versuch dir die Situation so konkret wie möglich ins Gedächtnis zu rufen.

Und jetzt überlege, wie du dich gefühlt hast. Was kam in dir hoch? Warst du verletzt? Wütend? Verzweifelt und deprimiert? Frustriert? Alles zugleich oder noch etwas anderes?

Nun erinnere dich daran zurück, wie du reagiert hast. Hat es geholfen oder alles nur noch schlimmer gemacht? Hat derjenige von dir abgelassen? Ging es dir hinterher besser? Was hättest du gern anders gemacht?

Wenn du willst, schreib deine Antworten auf. Aufschreiben hilft manchmal, Probleme zu klären … und so zu lösen. Und ich halte es für einen guten ersten Schritt, deine negativen Gefühle zu überwachen, damit du in so einer Situation in Zukunft nicht einfach drauflosreagierst, sondern Zeit hast, erst einmal nachzudenken. Das ist fast immer der bessere Weg.

In der Bibel steht im Buch Sprüche: „Geduld zu haben ist besser, als ein Held zu sein; und sich selbst beherrschen ist besser, als Städte zu erobern!"

Gefühle gibt es nicht ohne Grund. Sie überkommen uns auch nicht einfach so, obwohl es manchmal den Anschein hat. Zu fragen, woher deine Gefühle kommen und warum du dich so fühlst, ist ein elementarer Schritt in Richtung Selbstwahrnehmung und Kontrolle über das eigene Verhalten.

Es ist wichtig, die Auslöser für deine Gefühle zu kennen. So kannst du deine Reaktionen in den Griff bekommen und wirst auf lange Sicht davon profitieren. Mit deinen negativen Gefühlen fertigzuwerden, ist ein wichtiger Teil deiner Mobbingverteidigung und ein Schlüssel zu einem erfolgreichen Leben. Wer sein Verhalten von seinen negativen Emotionen bestimmen lässt, fühlt sich nämlich oft hilflos, unsicher und unglücklich. Wer dagegen dank eines ausgeklügelten Systems seine Emotionen im Griff hat, ist häufig erfolgreicher, selbstbewusster und glücklicher.

Achtung: Ich verlange nicht, dass du deine negativen Gefühle kontrollieren sollst. Sie lassen sich nicht wirklich kontrollieren. Der Teil des Gehirns, der uns auf Dinge und Situationen emotional reagieren lässt, hat seine eigene Steuerzentrale, und der Schlüssel dazu ist außer Reichweite. Aber das ist noch lange keine Einladung, deiner Schwester eine Torte ins Gesicht zu werfen, wenn sie über dich lacht! Für dein Verhalten bist immer noch du selbst verantwortlich.

Die Gefühle lassen sich nicht steuern – aber dein Verhalten. Das Problem: Viele Leute können nicht zwischen Gefühle steuern und Verhalten steuern unterscheiden. Schauen wir zurück: Als Kinder sind die meisten Gefühlsreaktionen einfach in unserer DNS verankert. Über die Jahrhunderte der Menschheitsgeschichte haben sie uns geholfen, in einer oft feindlichen Welt zu überleben.

Wenn wir aber älter werden, kommen die Erfahrungen dazu, die wir abspeichern. Wir reagieren immer individualisierter. Auch diese Reaktionen funktionieren automatisch – wir können sie nicht direkt steuern –, aber sie beruhen auf unseren Werturteilen und sind daher nicht unbedingt richtig. Zum Beispiel kann man vor jemandem Angst haben, über den man eine erlogene Geschichte gehört hat. Oder man findet jemanden sympathisch, weil er so ähnlich aussieht wie der Lieblingsonkel.

Gefühle sind nützlich: Man kann dank ihnen sehr schnell Entscheidungen treffen, wenn es darauf ankommt. Wenn ein Krokodil mit geöffnetem Maul auf dich zuschwimmt, bleibt nicht viel Zeit zum Nachdenken. Aber negative Gefühle können einen auch terrorisieren und zu Verhalten verleiten, das einem selbst und Beziehungen schadet. Deswegen sollte man zuerst versuchen zu verstehen, was dahinter steckt, bevor man darauf reagiert. Wenn du merkst, dass die Gefühle auf falschen Informationen beruhen – die Geschichte über den Schulhoftyrann stimmt gar nicht oder der Mann ist ganz anders als dein Onkel –, dann solltest du dementsprechend reagieren.

Taucht plötzlich ein Hund mit gefletschten Zähnen aus dem Nichts auf und knurrt und bellt mich an, bekomme ich Angst. Mein Herz pocht. Ich atme schneller. Vielleicht stellen sich mir die Nackenhaare auf oder ich werde rot.

Diese körperlichen Reaktionen werden von demselben Warnsystem ausgelöst, das auch meine Angst einschaltet. Ich kann diese Gefühle und diese erste Reaktion nicht beeinflussen, aber wenn ich dann entdecke, dass der Hund angeleint, an einen Pflock in der Erde angekettet oder nur ein kleiner Pudel mit einem lauten Organ ist, kann ich meine Reaktion auf das Angstgefühl anpassen.

Das tut man oft ganz unbewusst. Man holt tief Luft und bekommt seine Atmung wieder in den Griff, was auch den Puls wieder senkt. Man lacht über sich selbst und nutzt Humor als Stressventil. Oder man ruft: „Mann! Hat der mich erschreckt!"

Verstehst du das Prinzip? Wenn ich merke, dass der Hund keine echte Gefahr darstellt, stufe ich meine Gefühle als ungültig ein und korrigiere meine Reaktion. Das ist ein ganz natürlicher Vorgang. Und er lässt sich genauso einsetzen, wenn sich dir dein Erzfeind in den Weg stellt – selbst wenn derjenige tatsächlich eine Gefahr bedeutet. *Dieser* Schritt – zu überlegen – liegt immer in deiner Macht, und er ist wirklich sehr nützlich.

An späterer Stelle werde ich dir einen Katalog an die Hand geben, wie man auf Mobbing reagieren kann. Aber im Augenblick möchte ich dir zeigen, wie wertvoll es ist, sich über seine Gefühle bewusst zu werden. Und wie du auf deine Gefühle reagierst, liegt allein in deiner Macht.

Der Grat zwischen Fühlen und Handeln

Gefühle sind etwas Natürliches. Man fühlt, was man fühlt. Was dein Leben aber noch mehr beeinflusst, sind die Entscheidungen, die du aufgrund deiner Gefühle triffst. Etwas zu fühlen und etwas zu tun, dazwischen ist Platz; ein kurzes Zeitintervall, eine Gelegenheit.

Dieser Platz ist ein Geschenk. Das ist kein Witz. Psychologen sagen, wer diesen Platz auszunutzen weiß, ist erfolgreicher als die, die ihn entweder ignorieren oder nicht nutzen. In diesem kleinen Zwischenraum kann man das Heft an sich reißen, schlaue Entscheidungen treffen und selbst sein Schicksal bestimmen.

Wenn du also wütend auf deinen Peiniger oder deine Eltern bist, musst du nicht zwangsläufig ausfällig werden. Du kannst stattdessen den Platz zwischen Gefühlen und Verhalten blockieren und dir hilfreiche Fragen stellen wie:

- Warum bin ich so wütend?
- Ist es das Beste, jetzt auszurasten? Hilft mir das oder macht es die Sache noch schlimmer?
- Was sind meine Alternativen?
- Was könnte ich sagen, um die Situation zu verbessern?
- Was würde auf lange Sicht etwas bringen?

Diesen kleinen Zwischenraum zu nutzen, bevor man handelt, heißt Selbstwahrnehmung und Selbstdisziplin zu haben. Das Fachwort hierfür heißt *response flexibility*, also eine Art Reaktionsbeweglichkeit, und ist ein Zeichen für emotionale Intelligenz.

All das ist überhaupt nicht schwer anzuwenden, und wenn man es ein paarmal getan hat, wird es zu einer guten Gewohnheit. Das Prinzip ist wirklich simpel: Man denkt einen Moment nach, bevor man auf negative Gefühle reagiert, damit man die bestmögliche Reaktion wählen kann. Denn wenn dein Widersacher vor dir steht, ist es womöglich nicht das Schlauste, loszuschreien oder ihn anzugreifen.

Sagt sich leicht, was?

Klar, emotional zu reagieren ist das Einfachste, aber ist es auch das Schlauste? Was, wenn es zu noch mehr Stress oder sogar körperlichen Schmerzen führt? Wäre es da nicht besser, ruhig zu bleiben und die Situation mit Worten zu entschärfen? Oder so viel Abstand zu gewinnen wie möglich?

Keine Situation ist wie die andere, also gibt es keine allgemeingültige Antwort oder Idealreaktion. Aber wenn du kurz in diesen Zwischenraum trittst, kannst du die Situation besser bewerten, die Gefühle einordnen und auf logische Art und Weise deine Optionen abwägen.

Mach Schluss mit dem Selbstmobbing

Überleg doch mal: Deine negativen Gefühle können richtig Macht über dich entwickeln. Sie versuchen eine Reaktion von dir zu provozieren, die vielleicht gar nicht gut ist. Wenn du also das tust, was die Gefühle in dir hervorrufen, gibst du klein bei und mobbst dich selbst.

Diese Erkenntnis hatte ich nach einer E-Mail vom fünfzehnjährigen Dominic aus Südostasien. An seiner Geschichte konnte man

ablesen, wie er sich von seinen negativen Gefühlen zu Dingen hinreißen ließ, die nicht gut für ihn waren. Erst später reflektierte er
sein Verhalten.

Als Dominic in der neunten Klasse war, verliebte er sich in ein
Mädchen und dachte, sie hätte auch Gefühle für ihn. Dann fand er
heraus, dass sie auf seinen Freund stand. Das verletzte ihn und
machte ihn wütend, also zog er sich von beiden zurück.

Als die beiden ein Paar wurden, wurde es noch schlimmer. Er
musste mit ansehen, wie sie in der Schule Händchen hielten, und
wurde zusehends deprimierter. Einige seiner Klassenkameraden
wussten, dass er das Mädchen gut fand, und mussten das auch
noch kommentieren, was es nicht gerade besser machte. Er fühlte
sich wie ein Versager.

„Ich hatte niemanden. Immer wieder musste ich heulen, meine
Zensuren wurden schlechter und ich betäubte den Schmerz mit
Alkohol. Und ich fing an zu glauben, was die anderen über mich
sagten. Dass ich ein Versager sei und nicht lebenswert, dass ich
einfach sterben sollte, abhauen, verschwinden."

Gegen die Traurigkeit konnte Dominic nichts tun, aber er ließ
sich von seinen Gefühlen tyrannisieren und zu selbstzerstöreri-
schem Verhalten verleiten. Er schrieb mir, dass er erst nach einem
meiner Videos auf YouTube begriffen habe, dass man auch anders
reagieren kann. Ich, so war sein Eindruck, hätte meinen „inneren
Tyrannen" überwunden und mich entschlossen, ein positives Leben zu führen.

Eine coole Formulierung: „mein innerer Tyrann"!

Dominic jedenfalls nahm sein Verhalten wieder selbst in die
Hand und änderte damit sein Leben.

Nach dem Abschlussball setzten er und das Pärchen sich zusammen und entschuldigten sich beieinander. Sie entschieden sich, die
Vergangenheit ruhen zu lassen und wieder Freunde zu sein.

„Jetzt bin ich überzeugt: Gott hat für jeden von uns gute Perspektiven in der Tasche", schrieb Dominic.

Um deinen inneren Tyrannen zu besiegen, habe ich einen simplen Schritt-für-Schritt-Ansatz für dich. Wenn dich das nächste Mal negative Gefühle übermannen, dann:

1. Stell dich in den Zwischenraum zwischen Gefühl und Reaktion.
2. Atme fünfmal tief ein und aus, um dich zu beruhigen, und konzentriere dich auf irgendetwas, das dir innere Sicherheit verleiht.
3. Analysiere dein negatives Gefühl. Was hat es ausgelöst? Trenne das, was passiert ist, von dem, was du fühlst. Versetze dich in die anderen beteiligten Personen hinein oder versuche, die Situation aus dem Augenwinkel eines Freundes zu sehen. Was würde eins deiner Vorbilder über die Situation denken? Was würde er/sie dir raten?
4. Verfolge dein negatives Gefühl so weit zurück wie möglich. Lag der Auslöser wirklich nur in dieser Situation, oder hat irgendein Ereignis aus deiner Vergangenheit das Gefühl noch intensiviert?
5. Überlege dir die positivste Reaktion, die dir einfällt – eine, von der du auf lange Sicht profitierst.
6. Hast du die beste Option ausgemacht, stell dir vor, wie die ganze negative Energie wie Hitze oder Dampf aus dir herausströmt und sich in Luft auflöst.
7. Nun male dir aus, wie du positiv reagierst und die positiven Effekte spürst.
8. Wiederhole diesen Prozess in allen Situationen mit negativen Gefühlen, bis es zum Automatismus wird.

Ich wende diese Schritte selbst an, vor allem jetzt, wo Kanae und ich verheiratet sind und ich Vater geworden bin. Ich möchte für meinen Sohn ein Vorbild sein. Mein Vater und Onkel Batta sind wiederum Vorbilder für mich. Sie handeln sehr überlegt, und ich lerne viel von ihnen. In so manchem geschäftlichen Treffen haben sie sich unter Kontrolle gehabt, auch wenn die Emotionen hochgekocht sind. Bevor sie handeln, analysieren sie stets die Situation.

So weise möchte ich auch werden. Jetzt, wo ich für meine eigene Familie sorgen muss, fühle ich mich erwachsener, und das gefällt mir. Mir ist viel klarer, wer ich bin, wer ich sein will und was ich mit meinem Leben anstellen möchte. Es ist mir nicht mehr so wichtig, mir gleich alles von der Seele zu reden oder mir Luft zu machen – und das tut allen in meinem Umfeld gut.

Mehr und mehr wird mir klar, dass die negativen Ereignisse in unserem Leben uns nicht der Lebensfreude oder des inneren Friedens berauben müssen. Man kann diesen kleinen Zwischenraum für sich ausnutzen, seine negativen Gefühle auf den Prüfstand stellen, die Ursachen herausfinden und dann sein Bestes geben, was eine positive Reaktion betrifft.

Emotional gesehen bin ich in den letzten Jahren reifer geworden. Ich kenne meine Auslöser und den Ursprung meiner Gefühle, und ich reagiere bewusster darauf. Was ich fühle, kann ich nicht kontrollieren; wie ich mich verhalte, schon.

Emotional intelligent zu leben heißt aber auch, die negativen Gefühle nicht zu unterdrücken, damit sie nicht vor sich hin brodeln, bis es zur Explosion kommt. Das wäre alles andere als gesund. Im Eifer des Gefechts geht es zunächst darum, die Oberhand über sich zu behalten, aber so bald wie möglich muss die negative Energie raus. Ich persönlich gebe sie an Gott ab. Ich lenke die Energie um und bitte für die, die mich verletzen wollten. Gott ist gerecht und wird schon das Richtige daraus machen.

Denk dran:

- Angst und Wut sind ganz natürliche Gefühle, deren Auftauchen man nicht kontrollieren kann; wie man dann darauf reagiert, entscheidet jeder selbst.
- Der kleine Zwischenraum zwischen einem Gefühl und der Reaktion darauf ist sehr wichtig. Hier liegt das Geheimnis zu Selbstbeherrschung und emotionaler Intelligenz begraben – zwei Werkzeuge, die jedem helfen können, erfolgreicher, selbstbewusster und glücklicher zu werden.

8 — Da stehst du doch drüber

Wieso ein geistliches Fundament hilft, sich nicht aus der Ruhe bringen zu lassen

Als Kind konnte ich nicht begreifen, wie Gott mich ohne Arme und Beine in diese Welt setzen konnte. Gott macht keine Fehler und liebt alle seine Kinder, hatte man mir immer wieder gesagt. Aber wie das zu meiner Behinderung passen sollte, wusste ich nicht.

Jahrelang flehte ich ihn um Arme und Beine an, oder wenigstens um einen Hinweis, was er mit mir vorhatte. Ich durchkämmte die Bibel auf der Suche nach Antworten, und eines Tages stolperte ich über das Johannesevangelium, Johannes 9,1-3. Dieser Text veränderte mein Leben.

Jesus traf auf einen Mann, der blind geboren worden war. Die Jünger fragten Jesus: „Wer ist schuld daran, dass dieser Mann blind ist? Hat er selbst Schuld auf sich geladen oder seine Eltern?" Genau diese Frage saß mir ständig im Nacken. War ich etwa die fleischgewordene Strafe für meine Eltern? Oder sollte ich für irgendetwas bestraft werden?

Ich las weiter und bekam Gänsehaut. Es haute mich förmlich aus den Socken. Es war, als wäre auch ich blind gewesen und könnte nun sehen. Jesus antwortete auf die Frage seiner Jünger: „Weder noch. Vielmehr soll an ihm die Macht Gottes sichtbar werden."

In diesem Augenblick wusste ich, mein Leben hatte einen Sinn. Welchen genau, das war mir noch nicht klar, aber ich vertraute darauf, dass er eines Tages entweder an mir ein Wunder wirken oder durch mich Wunder vollbringen würde.

Irgendwie veränderte sich durch diesen kurzen Bibelabschnitt meine Lebenseinstellung. Als ich später in der Schule gehänselt wurde, schlug ich wieder meine Bibel auf … und fand tatsächlich verschiedene gute Ansätze zum Umgang mit Mobbing.

Zum einen gibt es die bekannte Geschichte, in der Jesus uns auffordert, auch noch die andere Wange hinzuhalten, wenn man uns Böses will. Aber als Jesus in Johannes 18 von einem Soldaten geschlagen wird, weil er nicht vor dem Hohepriester klein beigibt, reagiert er anders.

Nachdem ihn der Soldat schlägt, bietet Jesus ihm noch selbstbewusster die Stirn: „Wenn ich etwas Böses gesagt habe, dann weise es mir nach! Habe ich aber die Wahrheit gesagt, weshalb schlägst du mich?"

> „Wenn ich etwas Böses gesagt habe,
> dann weise es mir nach!
> Habe ich aber die Wahrheit gesagt,
> weshalb schlägst du mich?"

Jesus scheint auf Konfrontationskurs zu gehen. Er hält nicht einfach seine andere Wange hin, aber er schlägt auch nicht zurück. Was ich daraus gelernt habe, ist, dass man sich gegen Mobbing wehren kann, ohne gleich nach der Regel „Auge um Auge" vorzugehen.

Einige Jahre später nahm ich mir das zu Herzen, als mir ein Schulhoftyrann das Leben schwer machte. Ich habe die Geschichte schon in meinem zweiten Buch, *Freihändig*, erzählt. Das fiel mir nicht leicht, schließlich war es das erste Mal, dass ich sie öffentlich machte.

Es bereitet mir auch kein Vergnügen, sie hier noch einmal zu erzählen, aber ich glaube, dass vor allem Jugendliche nachvollziehen können, wie sehr mich die Kommentare von Andrew damals gequält haben. Außerdem eignet sie sich besonders gut, um zu zeigen, welche Rolle der Glaube im Umgang mit Mobbing spielen kann.

Falls du sie noch nicht kennst, gebe ich dir hier eine Kurzversion. Was Andrew mir immer wieder an den Kopf warf, ist etwas vulgär; sei also gewarnt.

Ich weiß, dass es noch viel schlimmeres Mobbing gibt als das, was ich erlebt habe. Andrew wurde niemals handgreiflich. Aber damals hatte ich eine Wahnsinnsangst davor, ihm auf dem Schulflur zu begegnen – und das geschah mindestens einmal pro Tag.

Er war ein Jahr älter als ich, und ich glaube, er sah sich selbst noch nicht einmal als Fiesling. Das ist gar nicht mal so untypisch. Die meisten halten sich einfach für witzig und machen nur Spaß, aber ihre Worte verletzen, schüchtern ein und haben fatale Wirkung.

Führe dir das beim nächsten Mal vor Augen, wenn du „aus Spaß" jemanden aufziehst, der deinen Humor offensichtlich nicht teilt. Vielleicht bist du unbewusst selbst zum Täter geworden, weil du unsensibel warst oder einfach nicht gemerkt hast, wie deine Worte den anderen verletzen. Jeder ist irgendwo empfindlich. Vielleicht findest du es witzig, die krausen Haare eines Mädchens zu kommentieren, aber sie findet das nur gemein. Wenn du also andere foppst und merkst, dass sie nicht mitlachen oder verletzt wirken, dann hör auf!

Andrew dachte nicht daran. Er war erbarmungslos. Zwei Wochen lang brüllte er jedes Mal dasselbe quer durch den Schulflur, wenn er mich erblickte: „Nick ist nicht ganz, dem fehlt ja der Schw***!"

Sein Kommentar war fies, eindeutig unter der Gürtellinie und verletzend. Er stimmte nicht, das wusste ich, aber sonst wusste das natürlich keiner. War es nicht schlimm genug, dass ich keine Arme und Beine hatte? Warum musste Andrew zusätzlich noch dieses Gerücht überall verbreiten?

Für mich war das eine echte Tortur. Was mich noch mehr verletzte, war, wie die anderen lachten, wenn er es sagte. Ich hatte damals eigentlich einen recht stabilen Freundeskreis aufgebaut. Die meisten Schüler kannten mich, und ich kam mit fast allen zurecht. Aber niemand ergriff Partei für mich, und das tat weh.

Mir wurde morgens regelrecht übel, wenn ich nur daran dachte, in die Schule zu gehen und Andrew auf dem Flur zu begegnen. Ich versuchte ihm aus dem Weg zu gehen, aber unser Stundenplan ließ uns irgendwie an jedem Tag zur selben Zeit aufeinandertreffen.

Irgendwann war es mir zu viel und ich beschloss, etwas zu unternehmen. Andrew schien nicht fähig zu sein, von selbst aufzuhören. Er war wie ein Papagei, der nur einen Satz konnte. Eines Tages versuchte ich also nicht nur, schnell weiterzukommen, sondern fuhr ihm mit dem Rollstuhl bis direkt vor die Füße.

Für einen Augenblick sah ich Panik in seinen Augen. Vielleicht dachte er, ich hätte irgendwo Raketen an meinem Rollstuhl eingebaut. Das wär's gewesen! (Nicht, dass ich in irgendeiner Form für Gewalt plädiere.)

„Was soll das?", sagte ich.

„Was soll was?", erwiderte er.

„Warum ärgerst du mich?", fragte ich.

„Stört dich das etwa?"

„Ja. Es tut weh, jedes Mal."

„Echt? Das wusste ich nicht. War doch gar nicht so gemeint. Tut mir leid."

Ich beobachtete eine ganze Zeit lang sein Gesicht, ob er es auch wirklich ernst meinte. Ganz ehrlich, ich weiß nicht, was ich getan hätte, wenn er „Zieh Leine!" gesagt oder mich gleich wieder aufgezogen hätte. Aber mein nächster Satz schien einen größeren Effekt zu haben als alles, was ich sonst hätte sagen können.

„Ich vergebe dir", sagte ich.

Damit hatte Andrew nicht gerechnet. Er ließ den Kopf hängen. Er sah aus, als würde er sich schämen oder es zumindest bereuen. Dann drehte er sich um und ließ mich ab sofort in Ruhe.

Wenn du jemals gehänselt wurdest, dann weißt du, wie ich mich fühlte. Ich war so erleichtert! Es war, als hätte ich eine neue Lunge bekommen. Das Atmen ging plötzlich so leicht! Mein Stresspegel sank sofort. Kein morgendliches Grauen und Fürchten vor der Schule mehr.

Ich dankte Gott, dass er mich geführt hatte. Und ich fühlte mich gleich besser. Ich war David. Und Andrew war Goliath. Jedenfalls fühlte es sich so an. Die andere Wange hingehalten hatte ich nicht. Stattdessen hatte ich meinem Widersacher die Stirn geboten, ihm gesagt, dass mich sein Verhalten verletzte, und ihn gebeten, es einzustellen.

In meiner speziellen Situation führte dieser Ansatz zum Erfolg, aber das kann ich natürlich nicht für alle Situationen garantieren. In einem späteren Kapitel zähle ich einige Alternativen auf. An dieser Stelle möchte ich nur zeigen, wie sehr man Kraft und Orientierung aus seinem Glauben schöpfen kann, um die Herausforderungen des Lebens anzupacken.

Warum es funktioniert

Gott hat Kraft, davon bin ich überzeugt, und ich möchte dir empfehlen, diese Kraftquelle auch zu nutzen. Mit meiner Kampagne gegen Mobbing komme ich in viele Länder dieser Erde. Nicht selten sind die Regierungen oder Behörden Christen und der Verbreitung des Evangeliums gegenüber feindlich eingestellt. Aber mutige Gläubige wie meine Großeltern damals lassen sich nicht davon einschüchtern. Sie treffen sich heimlich und lesen in der Bibel, obwohl sie wissen, dass sie schreckliche Konsequenzen erleiden müssten, wenn sie ihre Liebe zu Gott öffentlich zeigen würden.

Ich bin den Behörden in diesen Regionen dankbar, dass sie mir trotzdem gestatten, aufzutreten und meine Botschaft der Hoffnung und Ermutigung zu verbreiten.

Übrigens: Wenn ich an Orte fahre, wo Christen nicht erwünscht sind, dann denke ich besonders an die Aussagen von Paulus in Epheser 6 – über die „Waffenrüstung Gottes", die man zu seinem Schutz anlegen kann, um sich vor den „listigen Anschlägen des Bösen" zu schützen. (Epheser 6,12)

Ich bin wirklich froh, dass Gott mir diese Möglichkeiten gibt. Ich darf an Orte reisen, die christlichen Missionaren sonst verwehrt bleiben. Vor allem versuche ich, so gut es geht dort Gottes Liebe auszustrahlen und Männern, Frauen und Kindern Mut zu machen.

Ich ziehe aus meinem Glauben an Jesus, den Mensch gewordenen Gott, große Kraft. Könnte das bei dir nicht auch funktionieren? Immer wieder erzählen mir Leute, wie Gott in ihr Leben eingegriffen hat, und fast täglich bekommen wir E-Mails wie die von einer jungen Frau aus Afrika:

Nachdem ich von Nick gehört und ihn sogar in unserer Kirche erlebt hatte, dachte ich über meine ganzen Ausreden nach, die ich im Leben vorgeschoben habe. Ich habe seit der Geburt winzige Schlitzaugen und wurde in der Schule deswegen gehänselt. Ich war sehr unsicher und überhaupt nicht glücklich. Aber jetzt lebe ich ein erfülltes Leben, ohne Ausreden und Ausflüchte. Hoffentlich erreicht Nick mit seiner Botschaft noch viele Menschen und hilft uns, unsere Denkmuster zu ändern. Ich habe mich jetzt Gott zur Verfügung gestellt. Er soll durch mich anderen seine Güte zeigen, ein Lächeln auf ihr Gesicht zaubern und ihnen Hoffnung ins Herz geben!

E-Mails und Briefe wie dieser erinnern mich immer wieder an meine Aufgabe. Viele Mobbingopfer haben mir geschrieben, dass ihnen Gott geholfen hat – weil sie auf ihn vertrauen. Manche von ihnen haben mit Krankheiten, Behinderungen, kaputten Elternhäusern, Sucht und anderen Dingen zu kämpfen. Und alle berichten mir, was der Glaube in ihrem Leben bewirkt hat.

Ein Sechzehnjähriger aus Skandinavien mit serbischen Wurzeln wie ich schrieb, dass ihm Beten geholfen habe, seine depressiven Selbstmordgedanken zu überwinden: „Immer, wenn es mir schlecht geht, denke ich daran, dass Gott mich liebt und etwas Gutes für mein Leben vorhat. Mein Glaube ist viel stärker geworden, dank dir, und ich setze ihn inzwischen auch in die Tat um."

Wenn die Erwartungen zu hoch sind

Politisch und kulturell bedingtes Mobbing kann sehr extrem sein. In Asien habe ich beispielsweise junge Leute kennengelernt, die sich von den Erwartungen anderer regelrecht unter Druck gesetzt fühlen. Dazu gehören ihre eigenen Eltern und die Regierung. Man hat mich nach Asien eingeladen, weil dort die Selbstmordrate unter Jugendlichen extrem hoch ist und Depressionen sehr verbreitet sind. Auch dort habe ich meine Zuhörer ermutigt, sich bei Gott Hilfe zu holen, und ich habe viele positive Rückmeldungen diesbezüglich bekommen.

Eine davon kam von Camellia. Camellia kommt aus China, wo nur ein winziger Anteil der Bevölkerung Christen sind und es fast keine Gelegenheiten gibt, etwas über Gott zu erfahren. Sie kannte keine Christen, hatte aber gehört, dass die Bibel das meistverkaufte Buch der Welt ist, und das machte sie neugierig. Wieso war die Bibel so beliebt?

Camellia las dieses Buch, in einer aktuellen Übersetzung, und war beeindruckt, konnte sich aber nicht damit anfreunden, dass es einen Gott gab. In ihrer Jugendzeit tat sie, was man von ihr erwartete – gute Noten in der Schule nach Hause bringen. Aber noch vor ihrem zwanzigsten Lebensjahr machte sich eine Leere in ihr breit. Sie hatte immer alles getan, um den Erwartungen anderer zu entsprechen, war deren Vorstellungen gefolgt, ohne darüber nachzudenken, was sie selbst eigentlich wollte.

Camellias harte Arbeit machte sich bezahlt. Sie war unterwegs zu einem erfolgreichen Leben, genau wie ihre Eltern wollten, aber sie fühlte sich verloren und war deprimiert. Wie so viele andere fühlte sich Camellia von den ständigen Erwartungen unter Druck gesetzt. Sie wollte ihren eigenen Weg gehen, und sie wollte herausfinden, was es mit Gott wirklich auf sich hatte.

„Warum finde ich nur nicht zu mir selbst?", erinnerte sie sich zurück. „Warum weiß ich nicht, wohin ich will? Was will ich? Soll ich mein ganzes Leben lang nur tun, was andere von mir wollen? Soll ich mein ganzes Leben ihre Vorstellungen von Erfolg umsetzen?"

Camellia wurde depressiv und dachte über Selbstmord nach, „weil mir einfach nicht einfiel, warum ich leben sollte."

Mitten in ihrer Abwärtsspirale bekam sie von ihrer Universität das Angebot, ein Jahr in Neuseeland zu studieren.

„Ich zögerte keine Sekunde. Ich wusste, dies war meine letzte Chance, mein Leben in den Griff zu bekommen", schrieb sie in ihrer E-Mail an Life Without Limbs.

In China ist YouTube gesperrt, aber in Neuseeland fand Camellia eines meiner Videos. Sie schrieb, dass mein Bericht sie berührte und dazu brachte, noch einmal die Bibel zu lesen. Außerdem nahm sie an einer „Harvest"-Konferenz meines Kollegen Greg Laurie teil, lernte viele Christen kennen und war beeindruckt, wie selbstverständlich sie ihren Glauben auslebten.

Kurze Zeit später ließ Camellia Gott in ihr Leben. Sie ging regelmäßig zu einer Baptistengemeinde und suchte sich einen christlichen Hauskreis. Camellia beschloss, in Neuseeland zu bleiben, wo sie „unerhört glücklich" ist.

„Ohne Gott würde ich kein so glückliches Leben führen. Ich bin so froh, dass ich ihn gefunden habe."

Diese junge Frau musste viele Hindernisse überwinden, um ihr Leben in die Hand zu nehmen. Ihr Weg in die Freiheit war auch ein Weg zu Gott. Heute kann sie andere ermutigen, sich auch auf den Weg zu machen. Leute wie Camellia halten in mir die Hoffnung am Leben, dass diese Welt zu einem liebevolleren und besseren Ort werden kann, wo es kein Mobbing und keine Unterdrückung mehr gibt. Ich bin froh, dass sie mir geschrieben hat.

Wenn du an Gott glaubst, dann lass diese Ressource gegen Mobbing nicht ungenutzt. Mach es wie der Apostel Paulus und lege die Waffenrüstung Gottes an.

Denk dran:

- Der Glaube an Gott ist etwas Großartiges, aber nur, wenn man ihn auch nutzt. Trenne nicht Glauben und Leben, sondern setze ihn in die Tat um, zu deinem und zum Wohle anderer.
- Der Glaube kann ein mächtiger Schild gegen Mobbing und andere Herausforderungen sein. Für jeden von uns steht die „Waffenrüstung Gottes" zur Verfügung. Gott ist auf deiner Seite!

9 – Einmal Mobbing, bitte!

So schlimm Mobbing auch ist – begreife es als Wachstumschance

Ich werde jetzt etwas sagen, was sich für dich wahrscheinlich verrückt anhört. Lass dich für ein paar Sätze darauf ein. Hoffentlich ergibt meine Idee dann für dich Sinn. Wenn nicht, kaufe ich dir ein Auto. Kleiner Scherz! Wie wäre es mit einem Pony?

Ganz im Ernst. Denk einmal über folgende Fragen nach: Was, wenn man aus Mobbing etwas lernen könnte? Könnte man Mobbing als Chance begreifen? Was, wenn man die verletzenden Handlungen deines Widersachers nehmen, daraus lernen und am Ende stärker, schlauer und selbstbewusster sein könnte?

Was, wenn man aus Mobbing etwas lernen könnte?

Mache ich dir Angst? Hast du das dringende Bedürfnis, mir einen Eimer kaltes Wasser über den Kopf zu schütten?

Ich sage nicht, dass Mobbing erstrebenswert ist oder die Täter eigentlich Wohltäter sind.

Ich schlage nur vor, dass du womöglich den Spieß umdrehen und aus der negativen Energie deines Peinigers etwas Positives für dich machen könntest. So habe ich es nämlich selbst erlebt, von schlauen Menschen gehört, in der Bibel gelesen, aus psychologischen Studien herausgelesen und nicht zuletzt aus vielen E-Mails und Briefen mitgenommen, die mir junge Leute aus der ganzen Welt geschickt haben.

Bevor du das Buch also in die Ecke wirfst und befindest, dass Nick V. nicht mehr alle Tassen im Schrank hat, lass mich dir die Beweise zeigen, ja?

Nutze den Schmerz

Zuerst sollten wir uns die Erfahrungen eines geborenen Mobbingmagneten anschauen – mich! Körperlich gemobbt wurde ich zum Glück nur einmal, und das war damals in der Grundschule. Aber es haben schon so viele über mich gelacht, hämische Kommentare gemacht und mich aufgezogen, dass ich es nicht mehr zählen kann.

Gut, was ist also am Ende dabei herausgekommen?

Ich bin noch da. Und nicht nur das, ich habe ein wunderbares Leben, einen erfüllten Beruf, Freunde, eine schöne und gläubige Frau, einen unglaublichen Sohn und die beste Familie und Freunde überhaupt. Ich muss wirklich sagen: Mobbing während der Schulzeit hat mich dazu gezwungen, die Verantwortung für mich selbst zu übernehmen, selbstbewusster und kontaktfreudiger zu werden, auf Gott zu bauen und reifer mit allen Menschen umzugehen, denen ich begegne.

Ich gebe zu, dass ich anfangs mit den Hänseleien überhaupt nicht gut klarkam. Das ging bei mir wie gesagt bis zu einem Selbstmordversuch. Aber im Laufe der Zeit und dank der Hilfe meines liebevollen Umfelds lernte ich, das Mobbing zu nutzen, anstatt mich von anderen dafür benutzen zu lassen.

Sosehr ich auch mental und emotional unter jedem Kommentar litt, versuchte ich, hinterher immer ein Stückchen stärker zu sein. Manchmal war es natürlich einfach nur erniedrigend, und ich fühlte mich einfach übel, aber jeder von uns lässt sich hin und wieder einschüchtern. Und jedes Mal lernte ich etwas über das Leben, über andere Menschen und über mich. Außerdem ist es ein ziemlich gutes Gefühl, am Ende gestärkt aus schlechten Zeiten hervorzugehen, oder nicht?

Es gibt bestimmt Leute, die ihre Jugendzeit überstehen, ohne sich jemals unsicher, peinlich, einsam, unwohl oder unperfekt gefühlt zu haben – ich kenne nur niemanden. Du vielleicht?

Und hat es nicht etwas ziemlich Cooles, wieder aufzustehen, nachdem man zu Boden gestoßen wurde? Den Sieg zu holen, nachdem man versagt hat? Aus seinen Fehlern zu lernen? Seine Schwächen ans Licht gezerrt zu sehen und trotzdem stärker zu werden?

Ist es nicht gerade das, was die größten Helden in Büchern, Filmen und Liedern ausmacht? Sie werden von ihren Gegnern fast zerquetscht, aber dann rappeln sie sich wieder auf und sind stärker als je zuvor.

Bei der Sache in der Grundschule ließ ich mich zu einer Prügelei provozieren und hatte sehr viel Glück, dass ich nicht ernsthaft verletzt wurde. Und in der Highschool hatte ich ebenso Glück, dass Andrew klein beigab, ob nun aus Schock oder weil er tatsächlich begriff, wie verletzend seine Worte waren. Und der Besoffene am Pool letztens führte sich zwar ziemlich daneben auf, aber er wollte mir nicht wirklich ernsthaft schaden.

Ich bin besonders verletzungsanfällig und habe bisher großes Glück gehabt, was körperliche Attacken angeht. Ich wünsche das niemandem, aber selbst aus solchen Erfahrungen kann man lernen und daran wachsen.

Kiyoshi

Ob nun durch ein paar grausame Teenager oder das Leben an sich, wir werden immer wieder geprüft. Und es liegt in unserer Hand: Lassen wir uns davon schachmatt setzen, oder stehen wir wieder auf und nutzen die Gelegenheit, mental, emotional, körperlich und geistlich stärker zu werden?

Betrachtet es als Grund zur Freude, wenn euer Glaube immer wieder hart auf die Probe gestellt wird. Denn durch solche Bewährungsproben wird euer Glaube fest und unerschütterlich. (Jakobus 1,2)

Wenn ich diesen Bibelvers lese, muss ich immer an meine Eltern denken, die sich so auf die Geburt ihres ersten Sohnes gefreut hatten. Sie haben mir oft erzählt, wie groß ihr Schock im Krankenhaus war, als ich ohne Arme und Beine auf die Welt kam. Die vielen Ängste und Sorgen verdarben ihnen die ganze Freude. Was müssen sie gefühlt haben, als mein Sohn Kiyoshi geboren wurde?

Kannst du dir den glücklichen Moment vorstellen, als ich ihnen meinen Sohn vorstellte? Das Leuchten in ihren Augen? Ich bin mir sicher, dass meine Eltern wie ich seitdem oft an den langen Weg zurückdachten, den sie mit mir gegangen sind. Zuerst hatten sie wenig Hoffnung, dass ich länger als ein paar Monate leben würde, aber selbst nachdem ich mich als ziemlich zäher Bursche gezeigt hatte, blieb für sie das große Fragezeichen, welches Leben auf ihr arm- und beinloses Baby wartete.

Als ich den Strampler hinter mir gelassen hatte und wie ein menschlicher Tennisball durchs Zimmer hüpfte, kamen meine Eltern immer wieder an ihre Grenzen. Meine Mutter war zwar Krankenschwester, aber weder sie noch mein Vater kannte jemanden, der so ein Kind großgezogen hatte. Sie gaben ihr Bestes und baten Gott um Kraft, Weisheit und Mut.

Genau wie ich. Nachdem ich den schützenden Kokon meiner Familie verlassen hatte und in der Schule auf mich allein gestellt war, kam das böse Erwachen. Ich war anders, komisch, ein Außenseiter und wurde gehänselt. Das tat weh. Oft lag ich abends im Bett und flehte Gott an, mich morgens mit Armen und Beinen aufwachen zu lassen. Ich bettelte geradezu.

Ich warte heute noch auf mein Wunder. Du vielleicht auch. Vielleicht macht dir jemand das Leben zur Hölle, oder jemand hat dir einen schweren Schlag versetzt, die Lebensfreude geraubt, und du fragst dich, ob je wieder bessere Zeiten kommen werden.

So einsam du dich auch fühlen magst, du bist nicht allein. Ob als Jugendlicher oder Erwachsener, jeden von uns haut es irgendwann mal um. Man hat das Gefühl, es geht nie vorbei. Man sieht keinen Ausweg. Aber solange du deiner Verzweiflung nicht nachgibst, gibt es immer Hoffnung.

Als Jugendlicher ging es mir manchmal so schlecht, dass ich die Schule schwänzte, weil ich diese Blicke, den weiten Bogen, den die anderen um mich machten, und die innere Stimme, ich sei minderwertig und dumm, nur weil ich anders aussah, nicht mehr ertragen konnte.

Oder ich war deprimiert und wütend, weil ich nichts an meiner Situation ändern und noch nicht mal jemandem die Schuld geben konnte. Oft fühlte ich mich sogar von Gott gemobbt. Wenn er mich liebte, warum hatte er mich dann so anders gemacht? Warum wollte er nicht, dass ich herumrannte, Ball spielte oder mit dem Fahrrad herumsauste? Warum musste ich der Sonderling an der Schule sein? Ich war eine einzige Last, für meine Eltern, meine Geschwister, meine Lehrer und meine Klassenkameraden.

Irgendwann war ich so zermürbt, dass ich mir das Leben nehmen wollte, aber glücklicherweise bekam ich noch einmal die Kurve.

Ich hatte so oft mit Selbstzweifeln und Ängsten zu kämpfen und die Hänseleien machten alles nur noch schlimmer. Aber irgendwann dämmerte mir in dieser Phase jugendlicher Unsicherheit, dass Gott mich doch nicht extra schikanierte. Er hatte bei Nick Vujicic keinen Kunstfehler gemacht. Er hatte jemanden gewollt, dessen „Behinderung“ in Wirklichkeit ein verstecktes Geschenk war – eine Kraftquelle, die sich als Herausforderung tarnte. Gottes Wege sind unergründlich. Er hat sich die aus menschlicher Sicht Törichten ausgesucht, heißt es in der Bibel, um so die Klugen zu beschämen.

So komisch es auch klingt: Durch meine fehlenden Gliedmaßen

war ich gleichermaßen behindert und befreit. Ich war gezwungen, mich mir selbst zu stellen, und habe mir so letzten Endes ein Leben erarbeitet, das mich sogar bis zu dir geführt hat! Ich hoffe, du siehst das als etwas Positives. Ich tue das jedenfalls.

Diejenigen, die mich gemobbt haben, wollten mich schwächen, aber am Ende war ich stärker. Ich hoffe sehr, dass es dir genauso ergehen wird. Ich habe eine Leidenschaft entwickelt, meine Geschichte und meine Erfahrungen weiterzugeben. Und ich glaube, dass Gott daran nicht ganz unschuldig ist. Er möchte durch mich vielen anderen ein Stück weiterhelfen.

In Römer 8,28 steht: „Wer Gott liebt, dem dient alles, was geschieht, zum Guten. Dies gilt für alle, die Gott nach seinem Plan und Willen zum neuen Leben erwählt hat." Gott hat für jeden von uns einen Plan. Wenn er mich gebrauchen kann, dann dich doch erst recht!

Dieser Bibelvers erinnert mich daran, dass nicht Pech oder Glück unser Leben bestimmen. Selbst die schlechten Dinge in meinem Leben können zu etwas Gutem werden, wenn ich nicht zulasse, dass sie mich besiegen, sondern aus ihnen Gelegenheiten für Wachstum mache.

Nachdem ich mit fünfzehn gelesen hatte, dass Gott an dem blinden Mann in Johannes 9 etwas zeigen wollte, nämlich dass „an ihm die Macht Gottes sichtbar" wird, ließ ich Jesus in meinem Leben ans Steuer. Zuerst dachte ich, Gott würde mich heilen, damit ich der Beweis für seine große Macht sein würde. Erst später begriff ich: Wenn wir um etwas beten, und es ist Gottes Wille, dann schenkt er uns zur richtigen Zeit das Wunder. Ist es aber nicht Gottes Wille, hat er noch etwas Besseres in petto. Und wenn er uns gebraucht, dann mit Rücksicht auf unsere Geschichte und alles, was wir erlebt und überwunden haben. Also ist kein schwarzer Tag verloren und jede gewonnene Schlacht eine Bereicherung!

In Philipper 4,13 heißt es: „Alles kann ich durch Christus, der mir Kraft und Stärke gibt." Wenn du denkst, es geht nicht mehr voran, hat Gott noch einige Asse im Ärmel. Letzten Endes kann er sogar aus dem schlimmsten Mobbing etwas Gutes machen, von dem du dein Leben lang profitierst.

Weise Worte – meine Favoriten zum Thema

Was uns nicht umbringt, macht uns stärker – diese Überzeugung gibt es schon lange. Faszinierende Zitate von Philosophen, weisen Menschen und Berühmtheiten belegen das:

Mut erlangt man nicht durch tägliche Genügsamkeit. Mut erlangt man, indem man schwere Zeiten übersteht und Widrigkeiten die Stirn bietet. *– Epikur, griechischer Philosoph, geboren 341 vor Christus*

All die Trübsal in meinem Leben, alle Schwierigkeiten und Hindernisse haben mich stärker gemacht. In dem Augenblick selbst mag man es nicht glauben, aber manchmal ist ein Schlag ins Gesicht das Beste, was einem passieren kann. *– Walt Disney, der pleiteging und dessen erste Comicfigur geklaut wurde, bevor er Mickymaus erfand, Disneyland und Disney World*

Luxus und Wohlstand haben die Welt nie so sehr bereichert wie Zeiten der Not. *– Billy Graham, einer meiner persönlichen Helden und einer der größten Massenprediger aller Zeiten*

Wo kein Kampf ist, gibt es auch keine Stärke. *– Oprah Winfrey, die als Kind gemobbt und missbraucht wurde, bevor sie zum Medienstar und zur Milliardärin avancierte*

Die meisten Lobpsalmen in der Bibel wurden von Menschen geschrieben, die mit einem schrecklichen Schicksal, Ungerechtigkeit,

Verrat, Verunglimpfungen und lauter anderen schrecklichen Situationen konfrontiert waren. – *Joni Eareckson Tada, eine meiner Mentorinnen, die trotz ihrer Querschnittslähmung im Jugendalter eine weltbekannte Rednerin und Bestsellerautorin wurde*

Wenn du plötzlich vor einem Haufen Schwierigkeiten stehst, musst du vor allem eins bleiben: ruhig. Mach einen Schritt zurück, bleib stark, bleib auf dem Boden, und dann kämpf weiter. – *LL Cool J, Rapper, Schauspieler und Unternehmer, der als Kind gemobbt wurde, später selbst zum Raufbold aufstieg, bevor er sein Leben umkrempelte*

Ich könnte noch viele solcher Zitate bringen, wie jemand aus Mobbing und anderen Schwierigkeiten Motivation geschöpft hat, aber der Groschen ist gefallen, denke ich. Falls du doch noch zweifelst, habe ich noch ein letztes Argument. Lass dich nicht zum Abtreter für andere machen; nutze sie als Sprungbrett!

Die Wissenschaft hat das Wort

Wer mich mobbt, ist mein Feind, so viel scheint klar. Aber Psychologen haben herausgefunden, dass die Täter unbewusst auch meine Freunde sind, zumindest auf lange Sicht. Ist das zu starker Tobak? Nennen wir sie zumindest *Freinde*.

Aus nichtwissenschaftlicher Perspektive kann man festhalten, dass die meisten Menschen, die in ihrem Leben gemobbt werden, es überleben und irgendwann hinter sich lassen. Und viele davon sagen hinterher, ihre Peiniger hätten sie motiviert, sich noch mehr Mühe zu geben, besser zu werden und ihren Wert zu beweisen.

Maurissa Abecassis, Psychologin an einem College in New Hampshire, schrieb in der *New York Times:* „Freundschaften sind ein Umfeld, in dem Kinder sich entwickeln, aber das trifft genauso auf negative Beziehungen unter Gleichaltrigen zu. … Demnach bieten beide Arten von Beziehungen, so unterschiedlich sie auch sind, Möglichkeiten für die Entwicklung." Als jemand, der sich fast bis in den Selbstmord treiben ließ, möchte ich keineswegs den Eindruck erwecken, man müsse Mobbing nicht so ernst nehmen, es gehöre eben dazu und sei überdies ja auch etwas Gutes. Aber ich habe in diesem Buch immer wieder versucht zu zeigen, dass es nicht annähernd so wichtig ist, was dir deine Peiniger antun, als wie du darauf reagierst. Und das bestätigt Abecassis Artikel.

Ein Schulhoftyrann, der mehrere Schüler terrorisiert, bringt diese womöglich dazu, sich aus Angst oder Abneigung zusammenzutun. Am Ende wächst deswegen ihr Selbstvertrauen, besagt eine andere Studie. Psychologen an der UCLA fanden in einer Reihe von Untersuchungen heraus, dass Schülerinnen in der Mittelstufe, die „die Antipathie eines Mitschülers erwiderten", eine höhere Sozialkompetenz entwickelten als ihre neutral gebliebenen Altersgenossen, schrieb Benedict Carey in seinem Artikel „Sind Feinde die besseren Freunde für Kinder?", der im Mai 2010 in der *New York Times* erschien. Einfacher ausgedrückt: Falls du noch in der Schule bist, sind vielleicht die bösen Zicken in deiner Klasse ein Grund dafür, dich mit ihren Opfern zusammenzutun und dabei wichtige Sozialkompetenzen zu entwickeln.

Nicht zuletzt bereitet einen Mobbing im Schulalter darauf vor, als Erwachsener mit bösartigen, betrügerischen und unehrlichen Menschen umgehen zu können. Es gibt solche Leute, und man muss lernen, sie schnell zu erkennen und zu meiden oder zumindest die Kontaktfläche zu ihnen auf ein Minimum zu begrenzen.

Ich wuchs behütet in einem christlichen Elternhaus auf. Anderen Menschen brachte ich immer erst einmal ein Grundvertrauen entgegen. Das halte ich auch heute noch für eine gesunde Einstellung, aber als Jugendlicher war ich manchmal etwas zu vertrauensselig. Wenn mich jemand ausnutzte, täuschte oder seinen Worten keine Taten folgen ließ, dachte ich immer, ich hätte etwas missverstanden oder einen Fehler gemacht. Erst nach und nach begriff ich, dass auch das eine Art Mobbing war. Diese Leute missbrauchten meine vertrauensselige Haltung. Im Laufe der Zeit lernte ich dann, mich auf mein Bauchgefühl zu verlassen.

Mobbing fängt oft mit dem Deckmäntelchen der Freundschaft an, ob nun im „real life" oder im Internet. Da ist jemand total nett und freundlich – aber dann fällt er dir in den Rücken, bringt andere gegen dich auf oder lässt dich einfach links liegen, wenn du für ihn nicht mehr von Nutzen bist. Psychologen sagen, wer das als Jugendlicher durchgemacht hat, lernt daraus, wird aufmerksamer und lässt sich als Erwachsener, wo oft viel mehr auf dem Spiel steht, nicht mehr so leicht vor den Karren spannen.

Noch einmal: Ich finde Mobbing überhaupt nicht gut und bin mir sicher, diese Welt wäre ein schönerer Ort, wenn wir ihm den Garaus machen könnten. Ich versuche nur, die Chance zu betonen, damit es für dich nicht nur zu einer negativen Erfahrung wird. Dass Mobbing eine Gelegenheit für Wachstum ist, haben mir viele Jugendliche im persönlichen Gespräch oder in Briefen und E-Mails bestätigt.

Sackgasse Mobbing?

Peter ist sechzehn und schrieb mir, dass er seit der siebten Klasse gehänselt wurde. Dazu kam noch, dass er sehr schüchtern war und Schwierigkeiten hatte, auf Mädchen zuzugehen.

„Ich war eigentlich immer ziemlich gut in der Schule und war bis zur neunten Klasse Klassenbester. Aber dann wurde ich auch noch als Streber abgestempelt, als wandelndes Lexikon. Irgendwann war ich so deprimiert, dass ich dachte, ich bleibe lieber zu Hause und gehe überhaupt nicht mehr nach draußen."

Peter ließ anfangs zu, dass ihn das Mobbing herunterzog. „Ich fing an zu glauben, dass ich nicht gut genug bin, dass ich niemals

der ‚coole Typ' sein würde, dass niemand mich leiden konnte",
schrieb er. „Und wofür lebt man noch, wenn einen keiner mag?"

Peter wurde regelrecht verbittert. Er hielt sich an den Grundsatz
„Auge um Auge, Zahn um Zahn": „Ich fing an, andere zu hassen
und mich selbst immer im Recht zu sehen. Die anderen waren
böse, und ich ignorierte sie und wünschte sie nur noch weg."

Aber das führte nicht zum gewünschten Erfolg. „Die nächsten
zwei, drei Jahre änderte sich überhaupt nichts. Ich war einsam, nur
für mich, hatte niemanden zum Reden. Manchmal ging es mir so
schlecht, dass ich an Selbstmord dachte."

Ich habe gelesen, dass viele Täter selbst einmal Opfer waren,
und so verhielt es sich auch mit Peter. Um sich gegen die Fieslin-
ge zu wehren, wurde er selbst zum Fiesling. „Ich machte es genau
wie sie: Ich hänselte, foppte, ließ die Schule schleifen, führte
mich wie ein Rüpel auf, fluchte und behandelte andere schlecht",
schrieb er.

Als ich damals die Zielscheibe war, dachte ich nicht im Traum
daran, dass es anderen auch so gehen könnte. Und genau so ging es
Peter. Er fühlte sich einsam. Er dachte, niemand würde ihn verstehen. Aber dann lernte er ein Mädchen kennen, das ihm von seinen
Problemen und seiner Einsamkeit erzählte. Dank seines Vertrauens
fühlte sich Peter dann wieder selbst vertrauenswürdig.

Die beiden wurden Freunde. Anfangs stand Peter sich selbst im
Weg, aber das Mädchen zeigte ihm immer wieder, wie wichtig er
ihm war.

„Und das war für mich die Kehrtwende", erzählte Peter. „Nach
und nach dämmerte mir: Wenn ich mit ein paar Worten ein Lächeln auf ihr Gesicht zaubern konnte, dann konnte ich alles im
Leben erreichen. Also fing ich an, wieder ich selbst zu sein. Ich
nahm den Gesprächsfaden zu Gott wieder auf, und ein paar Monate später hatte ich vollends begriffen, dass es nur eine Kraft gibt, die
diese Welt am Laufen erhält: Liebe."

Peter schrieb, dass ihm ein Satz aus meinen Videos hängen geblieben war: „Halte an Gott fest, egal, was kommt. Nur, weil du ihn nicht siehst, heißt das noch lange nicht, dass er nicht da ist."

Peters Leben veränderte sich radikal, seit er aufhörte, so sein zu wollen wie die, die ihm das Leben zur Hölle machten. Stattdessen nutzte er die negative Erfahrung, um für ein besseres Leben zu kämpfen.

„Ich bin stolz darauf, der zu sein, der ich bin, was ich schon alles erreicht und wie viel Gutes ich schon getan habe. Heute bin ich offener als früher. Ich bin nicht mehr so schüchtern. Ich kann mich frei mit anderen unterhalten. Und ich bin bereit, jedem Verständnis entgegenzubringen. Denn eigentlich ist doch jeder Mensch liebenswert."

Peter machte den ersten Schritt und merkte, dass sich auch seine Feinde öffneten. Heute sind sie zum Teil seine Freunde geworden.

„Einige von denen, die mich damals gehasst haben, mögen mich jetzt, weil ich mich verändert habe und auf sie zugehe. Und Gott hat mir tolle Freunde geschenkt, die mich nehmen, wie ich bin, denen es egal ist, wie ich aussehe und was ich kann oder nicht kann", schrieb er. „Heute weiß ich, dass ich nicht hässlich bin, sondern etwas Besonderes und dass mein Leben einen Sinn hat. Und ich werde niemals aufgeben."

Peters erste Reaktion auf das Mobbing war, den fiesen Kommentaren zu glauben. Er ließ sich herunterziehen und wurde selbst zum Fiesling. Aber es gibt auch einen anderen Weg, eine andere Option, und dank des Mädchens hat ihn Peter auch gefunden.

Er trennte sich von seinem negativen Selbstbild und begriff, dass er liebenswert war. Das scheint ein unbedeutend kleiner Schritt zu sein, aber die Ergebnisse sagen etwas anderes. Er wagte sich aus seiner Isolation. Er fand ein Mädchen, dem er etwas bedeutete. Die Leute, die ihn hänselten, wurden sogar zu seinen Freunden. Weil er in ihren Augen so reif geworden war, kamen jetzt sogar andere mit ihren Problemen zu ihm.

Du kannst das auch. Lass dich nicht zum Opfer degradieren!

Mach etwas Positives aus dem Negativen. Weise deine Peiniger in ihre Schranken und öffne dich für Gottes Liebe. Nutze seine Stärke, um deinem Leben eine kraftvolle Wendung zu geben. Mach es wie Peter und ich, und sage: „Ich lasse nicht zu, dass mir jemand das Leben vermiest. Ich werde diese Erfahrung nutzen, um am Ende noch besser zu leben als vorher!"

Denk dran:

- Ob du es glaubst oder nicht: Jede schlechte Erfahrung kann dir nutzen und Impuls für etwas Gutes werden, sogar Mobbing. Wenn du also mit einer schweren Herausforderung konfrontiert wirst, suche nach dem, was du daraus lernen kannst, und wie du am Ende stärker daraus hervorgehst.
- Wenn du eine Bibel hast – du findest diesen Gedanken auch im Jakobusbrief: „... Denn durch solche Bewährungsproben wird euer Glaube fest und unerschütterlich. Bis zuletzt sollt ihr so unerschütterlich festbleiben, damit ihr in jeder Beziehung zu reifen Christen werdet ...". (aus Jakobus 1,2-4)

10 — Deine Anti-Mobbing-Strategie

Wie du in der Hitze des Gefechts cool bleiben kannst

Drei Erfahrungen mit Sticheleien, Schikane und Mobbing in meinem Leben stechen für mich bisher heraus. Die erste war in der Grundschule und endete in einem großen Showdown auf dem Spielplatz. Ich überraschte meinen Gegner – und mich – durch einen Sprung mit Kopfnuss, schlug seine Nase blutig und war ihn für immer los.

Die zweite Erfahrung war wie gesagt die in der Highschool, als Andrew mir jeden Tag dieselbe hässliche Bemerkung an den Kopf warf, bis ich ihm sagte, dass mich das verletzte, und er damit aufhörte.

Die dritte war die Sache am Pool. Meine Frau und ich erholten uns in einem hübschen Hotel, als ein Betrunkener am Pool mit dummen und gemeinen Kommentaren über meinen Körper um sich warf. Ich ignorierte ihn einfach, bis er zurück ins Hotel stolperte.

Jede dieser Erfahrungen hat mich verletzt. Die ersten beiden rüttelten heftig an meinem Nervenkostüm, weil sie mich für eine lange Zeit belasteten. Mir wird heute noch mulmig, wenn ich daran denke, wie sehr mir das unter die Haut ging. Die Sache am Pool war schneller vorbei, aber weil es vor den Augen meiner Frau passierte, war es mir umso schmerzlicher.

Wenn ich an diese drei Ereignisse zurückdenke, dann habe ich jedes Mal anders reagiert.

Beim ersten Mal ließ ich mich provozieren.

Beim zweiten Mal versuchte ich die Kommentare eine Zeit lang zu ignorieren, konfrontierte meinen Widersacher aber irgendwann verbal.

Beim dritten Mal ließ ich den Kerl einfach links liegen, bis er sich trollte.

Ich hatte mir damals vorher keine Strategie zurechtgelegt, sondern folgte einfach meinem Bauchgefühl, und es hat zum Glück funktioniert. Jede Situation, in der Mobbing eine Rolle spielt, ist eine Situation für sich, und es gibt keine allgemeingültige Strategie, wie man sich verhalten sollte. Mein Rat wäre aber, einem Kampf immer aus dem Weg zu gehen, wenn es geht.

In meiner einzigen Prügelei hatte ich pures Glück. Ich möchte mir gar nicht ausmalen, was passiert wäre, wenn mein Gegenüber richtig gewalttätig geworden wäre oder eine Waffe gehabt hätte. Natürlich waren wir noch Kinder, aber auch in diesem Alter kann so etwas eskalieren. Ich weiß von einigen Fällen, wo jemand bei so einer Schlägerei gestorben ist; manchmal genügt ein einziger Faustschlag. Gewalt ist also definitiv keine Lösung.

Wenn du dich selbst schützen musst, gibt es auch hier Möglichkeiten. Bisher habe ich mich auf den mentalen, emotionalen und geistlichen Schutz konzentriert, aber jetzt gehen wir ans Eingemachte. Es kann passieren, dass du plötzlich mit jemandem Auge in Auge stehst, der es nicht nur beim Reden belassen will. Für diese Fälle sollte man vorbereitet sein.

Um dich zu schützen, empfehle ich dir eine Strategie, mit der du ruhig bleiben und die Situation so gekonnt lösen kannst wie nur möglich. Bevor wir diese aber entwickeln, möchte ich noch einmal unsere bisherigen Erkenntnisse in Sachen Mobbingverteidigung zusammenfassen.

Die Anti-Mobbing-Erklärung

- Ich lasse mich von Mobbing nicht verletzen und schon gar nicht dadurch definieren. Ich weiß, wer ich bin und wohin ich will.
- Ich gebe niemandem die Macht, mich schlecht fühlen zu lassen. Für mein Glück bin ich selbst verantwortlich.
- Meine Werte sind fest und unerschütterlich. Sie sind die Richtschnur, nach der ich mein Leben plane.
- Meine Kraft kommt von innen, und ich lasse mich nicht verunsichern.
- Ich weiß, dass meine Familie und meine Freunde immer hinter mir stehen, genauso wie ich immer auf ihrer Seite bin.
- Ich weiß um meine Gefühle, vor allem um meine Wut und Ängste, und ich überlasse meine Reaktion darauf nicht dem Zufall. In Gedanken und im Verhalten bleibe ich positiv.
- Mein geistliches Leben gibt mir Kraft. Ich weiß, dass ich geliebt und gewollt bin. Wo ich schwach bin, ist Gott stark.
- Aus jeder noch so schlimmen Situation nehme ich etwas Positives mit.
- Ich bin bereit, anderen zu helfen, vor allem denen, die gemobbt werden.

Die Grundlagen der Mobbingverteidigung

Das Lesen der Zusammenfassung sollte dir Halt geben, Selbstvertrauen und Sicherheit auslösen. Wenn du von diesen Punkten wirklich überzeugt bist, brauchst du keine Angst mehr vor Mobbing zu haben. Und nun lass uns herausarbeiten, wie du am sichersten und intelligentesten reagieren kannst, sollte es doch dazu kommen.

Es spielen eine Menge Faktoren hinein: Wie wohl fühlst du dich damit, körperlich oder verbal zu reagieren? Bist du fit in Sachen

Selbstverteidigung? Hast du oder hat dein Gegner Freunde dabei? Wie weit ist die nächste Hilfe entfernt?

Wenn dich beispielsweise jemand in einer dunklen Gasse stellt, sollte deine Reaktion ganz anders aussehen, als wenn derjenige es auf dem Schulflur versucht, wo Lehrer und andere potenziell Verbündete in Reichweite sind.

Dennoch gibt es ein paar Grundregeln für jede Art der Konfrontation. Damit kann man sich vorbereiten, wenn sich eine Eskalation andeutet.

1. Analysiere die Situation

Bevor irgendetwas passiert, versuche zu ergründen, ob von deinem Gegner eine tatsächliche Gefahr ausgeht oder ob er dir nur Angst einjagen will. Überzureagieren ist natürlich nicht ratsam, aber lieber überreagieren als nicht vorsichtig genug sein. Wenn du befürchtest, ernsthafte Verletzungen davonzutragen, wende dich lieber rechtzeitig an jemanden – deine Eltern, einen Vertrauenslehrer, die Pastorin, den Trainer, die Polizei. Aber auch wenn du „nur" damit rechnest, dass derjenige dich schikaniert und drangsaliert, weihe jemand anderen mit ein. Zugleich solltest du dir vornehmen, nicht den Kopf einzuziehen, sondern alles an dir abprallen zu lassen. Denk an die Sicherheitszone, in die du dich jederzeit zurückziehen kannst.

2. Ruf nach Verstärkung

Hast du den Verdacht, dass es in der Schule, auf der Straße, bei einem Stadionbesuch oder einem anderen Ereignis zu einer Konfrontation kommen könnte, weihe deine Eltern und deine Freunde ein. Hier kann man mit Einzelgängertum keinen Blumentopf gewinnen. Versuche, mindestens eine Person immer in deiner Nähe zu haben. Wem du wichtig bist, der wird gerne etwas Zeit investieren. Selbst wenn du doch allein gehen musst, ist es wichtig, sie wissen zu lassen, dass du dich bedroht fühlst und von wem.

3. Bleib cool

Leichter gesagt als getan, ich weiß. Wenn sich eine Konfrontation ankündigt, lies dir die Anti-Mobbing-Erklärung immer wieder durch. Überlege dir, was passieren könnte, damit du darauf vorbereitet bist, ähnlich wie ein Sportler vor einem Wettkampf. Und halte deine Freunde und deine Verstärkung in deiner Nähe.

Wenn es so weit ist, bleib ruhig. Atme tief ein und langsam aus. Stell dir vor, wie die Worte deines Widersachers an dir abprallen. Es sind nur Worte. Sie können dich nur verletzen, wenn du es zulässt.

Was du am besten als Erstes machst? Gar nichts. Ignoriere das, was dein Gegenüber dir an den Kopf wirft. Sieh ihm in die Augen, aber mach keinen Wer-zuerst-blinzelt-Wettkampf draus. Zeig ihm, dass du ihn wahrgenommen hast, und geh einfach weiter. Die meisten legen es darauf an, eine Reaktion zu bekommen. Sie wollen Aufmerksamkeit und ihr Ego aufpolieren. Wenn du dieses Spielchen nicht mitspielst, verliert der Gegner in vielen Fällen schon das Interesse.

4. Zapf deine geistlichen Kraftquellen an

Es ist immer gut, wenn jemand auf einen aufpasst, der zufälligerweise noch der Schöpfer des Universums ist. Gott kann und will dich begleiten. Tank dich mit seiner Liebe voll!

5. Steh gerade

Wer selbstbewusst aussieht, wird seltener als Opfer auserkoren. Selbst wenn du dich nicht so fühlst, versuch einen selbstbewussten Eindruck zu erwecken, ohne frech oder aggressiv herüberzukommen. Brust raus, Schultern nicht hängen lassen und Augenkontakt.

Wer selbstbewusst aussieht, wird seltener als Opfer auserkoren.

Wenn du Kommentare an den Kopf geworfen bekommst, versuche, keine Emotionen zu zeigen. Oft geben die Täter auf, wenn sie keine starke Reaktion hervorrufen können.

6. Kenne das Schlachtfeld

Übe, die ganze Situation wahrzunehmen, wenn du angegangen wirst. Ist dein Widersacher allein? Hat er Freunde dabei? Gibt es etwas in der Nähe, womit du dich zur Not verteidigen könntest? Sei wachsam und achte auf Veränderungen in seiner Laune, der Stimmlage oder Körpersprache. Wenn er aggressiver wird und auf dich zukommt, zögere nicht, wegzugehen oder zu laufen, um Hilfe zu rufen oder dich zu verteidigen.

Überlege dir mögliche Fluchtrouten. Prüfe, ob jemand in der Nähe ist, den du um Hilfe bitten könntest. Habe keine Angst, Fremde anzusprechen. Wenn du noch jünger bist, stell dich einfach neben einen Erwachsenen. Lege die Nummer eines Freundes oder deiner Familie auf Kurzwahltasten in deinem Handy.

7. Respektiere deinen Gegner

Klingt verrückt, ich weiß. Manche Leute überspielen mit ihrer aggressiven Art Unsicherheiten oder ein kleines Selbstbewusstsein. Sie zu beleidigen oder niederzumachen könnte die Situation dramatisch verschlimmern. So schwer es dir auch fällt, behandle deinen Gegner mit Respekt, selbst wenn er dich nicht respektvoll behandelt. Seine Laune hast du nicht in der Hand, und Öl ins Feuer zu gießen ist nie eine gute Idee.

8. Halte Abstand

Schon im alten Buch der Bibel findet man in Sprüche 4,14-16 einen guten Ratschlag hierfür. Dort steht sinngemäß, man solle versuchen das Böse zu meiden, ja sogar davor wegrennen.

Da steckt ein Körnchen Weisheit drin, nicht wahr? Es versteht sich vielleicht von selbst, aber du solltest dich von Orten fernhalten, wo du deinem Widersacher allein ausgeliefert bist. Wenn er immer auf einem bestimmten Spielplatz abhängt oder in einem Einkaufszentrum – dann mache einen Umweg. Kommt es doch zu einer Begegnung, halte so viel Abstand wie möglich, vor allem, wenn niemand da ist, der dir helfen kann.

Selbstverteidigungsexperten raten, immer zwei bis drei Schritte Abstand zu halten. Ich sage, mach zwei bis drei Kilometer draus! Erhöhe nicht freiwillig das Risiko, dass dein Widersacher dich am Kragen packt oder sich direkt vor dir aufbaut. Wenn er näher kommt, kannst du immer noch schnell weggehen oder ihn höflich, aber bestimmt bitten, wegzubleiben. Versuche, nicht zu rennen. Suchst du das Weite, achte darauf, dass du nicht verfolgt wirst.

9. Lass dich nicht isolieren

Startet dein Gegenüber den Versuch, dich von den anderen weg-zuschieben oder in ein Auto zu ziehen, mach so viel Lärm wie möglich und stemme dich dagegen. Gebiete ihm Einhalt. Wenn er nicht aufhört, ruf so laut du kannst „STOPP!" und versuche, die Aufmerksamkeit der Leute um euch herum auf dich zu lenken.

Wenn jemand älter ist: Sieze ihn, sag laut, damit andere dich hören: „Lassen Sie mich los!" – damit andere merken: Das ist keine Kabbelei unter Freunden. Lässt derjenige dich immer noch nicht los, wehre dich. Lass dich auf den Boden fallen, klammere dich an eine Laterne oder einen Zaun und schreie, wenn nötig. Treten, Kratzen und Beißen sind letzte Mittel, wenn du das Gefühl hast, wirklich in Gefahr zu sein. Wenn du ein Pfefferspray oder etwas Ähnliches dabei hast, setz es ein.

Deine persönliche Strategie

Ich wünschte, es gäbe den perfekten Ansatz, um mit allen Fieslingen dieser Welt fertigzuwerden. Vielleicht gibt es eines Tages das Anti-Mobbing-Lichtschwert? Aber bis dahin musst du dir selbst überlegen, vielleicht mit der Hilfe deiner Eltern und guter Freunde, was die beste Strategie für dich ist und womit du dich am wohlsten fühlst. Manche miesen Typen sind sehr aggressiv und rasten sofort aus, wenn du ihnen Paroli bietest oder versuchst, mit ihnen zu diskutieren. Andere geben im ersten Moment nach und lassen dich allein, kommen aber später wieder. Und manche sind einfach unberechenbar.

Du kannst nur eins tun: Plane jedes Szenario im Voraus durch, damit du vorbereitet bist. Ich habe das nun schon öfter gesagt, aber mach nicht alles mit dir selbst aus, sondern weihe mindestens eine andere Person ein, dass dir jemand im Nacken sitzt.

Sag ihr auch genau, wer es ist, was er oder sie macht und wo. Wenn dir irgendetwas zustößt, kann diese Person deiner Familie helfen, dich zu finden. Hoffe auf das Beste, aber sei bereit für das Schlimmste.

Weihe mindestens eine andere Person ein, dass dir jemand im Nacken sitzt.

Damit du deine eigene Strategie ausarbeiten kannst, habe ich einige Fragen vorbereitet. Indem du schon jetzt im Voraus darüber nachdenkst, wirst du im Ernstfall ruhiger und selbstbewusster reagieren können. Und du hast einen Plan in der Tasche, wie du dich aus dem Staub machen kannst.

- Was entspricht mehr deinem Naturell: deinen Peiniger zu ignorieren oder ihm die Stirn zu bieten und auf seine Kommentare zu reagieren?
- Lässt er oder sie sich durch Humor oder gute Argumente davon überzeugen, dich in Ruhe zu lassen?
- Könnte er gewalttätig werden?
- Ist er eher in Begleitung unterwegs oder nimmt er dich allein aufs Korn?
- Fällt dir jemand ein, der auf ihn einwirken könnte, von dir abzulassen?
- Gibt es jemanden, der sich an seine Eltern oder den Vorgesetzten wenden könnte?
- Suche dir fünf Leute, die dir bei deinem Problem helfen könnten. Mach Termine mit ihnen aus, schildere ihnen deine Situation und höre, was sie zu sagen haben.

Antwort ist nicht gleich Antwort

Du solltest dir im Voraus überlegen, was du deinem Erzfeind erwiderst und was lieber nicht. Das hat wiederum viel mit dir und deiner Komfortzone zu tun. Wenn du schlagfertig bist und flinke Beine hast, kannst du es mit witzigen Bemerkungen versuchen, oder du gibst ihm die Retourkutsche und ziehst ihn selbst ein bisschen auf.

Wenn das deine Taktik ist, hoffe ich, dass du schnell wie der Blitz bist, oder zumindest schneller als dein Gegner. (Ich habe einen schnellen Rollstuhl, den kannst du dir gern borgen. Aber keine Wheelies!)

Vielleicht solltest du vorher herausfinden, was für ein Typ dein Erzfeind ist. Ich habe einmal ein paar verschiedene Typen zusammengetragen.

Der Unabsichtliche und Friedliche

Manche Leute werfen mir gemeine Sachen an den Kopf, weil sie nicht wissen, wie sie auf diesen Kerl ohne Arme und Beine reagieren sollen. Sie wollen mich nicht absichtlich verletzen. Ihnen rutscht einfach etwas heraus, ein dummer Witz oder irgendetwas vermeintlich Harmloses, was gar nicht so harmlos ist.

Hast du früher auch manchmal jemanden in deiner Klasse extra gezwickt, einen Ball auf ihn geworfen oder ihn auf dem Schulhof geknufft, weil du ihn gut leiden konntest? Ungefähr so geht es mir *andauernd*. Als ich noch kleiner war, brachte es mich regelmäßig auf die Palme, wie unsensibel manche Leute sein können, aber mittlerweile habe ich begriffen, dass es einfach komische Menschen gibt und manche nun mal wenig Sozialkompetenz im Umgang mit Menschen mit Behinderungen haben. Ich nehme mich außerdem oft selbst auf die Schippe, bezeichne mich als „armlos, nicht harmlos" und anderes, und das animiert manche Leute in meinem Umfeld, mit ihren eigenen Versionen aufzuwarten. Sie wollen gar nicht gemein sein, aber oft kommt es so bei mir an.

Dasselbe gilt für einige Mobbingfälle. Manche haben es gar nicht darauf angelegt, dir das Leben zur Hölle zu machen – obwohl es so aussieht. Manchmal wollen Klassenkameraden oder Bekannte nur witzig sein oder machen „nur Spaß", aber ihre Worte treffen tiefer, als sie es merken.

So komisch das auch klingt: Es kann sogar sein, dass dein „Feind" dich eigentlich nur besser kennenlernen will und primitive Kommentare ablässt, um deine Aufmerksamkeit zu bekommen. Hast du diesen Verdacht, dann spiegle deinem Gegenüber auf jeden Fall, wie sehr dich das verletzt. Ich habe Andrew höflich darum gebeten, aufzuhören, und es hat funktioniert. Aber sei dir bewusst, dass man nicht bei jedem ans Gewissen appellieren kann. Wenn dein Erzfeind ein echter Fiesling ist, dann wird er so etwas sagen wie: „Was interessiert mich, ob *deine* Gefühle verletzt sind, du Memme!"

Hoffentlich ist er kein Soziopath. Wenn er überhaupt ein Herz hat, könntest du mit den folgenden Aussagen vielleicht Erfolg haben:

- „Ich glaube, dir ist überhaupt nicht klar, wie sehr mich deine Kommentare verletzen. Hör bitte auf damit und lass mich in Ruhe."
- „Ich habe gehört, du bist gar kein so schlechter Mensch. Ich übrigens auch nicht. Können wir nicht normal miteinander umgehen? So macht es mir nämlich keinen Spaß."
- „Für dich sind das vielleicht nur witzige Bemerkungen, aber ich fühle mich von dir angegriffen. Könntest du bitte einen Gang runterschalten? Das geht mir echt an die Nieren."
- „Habe ich dich irgendwie verletzt oder angegriffen? Wenn ja, können wir doch darüber reden? Ich möchte nicht, dass ständig irgendwas zwischen uns steht."
- „Ich habe mit ein paar Leuten über dich geredet, und sie

verstehen nicht, warum du mich so behandelst. Können wir
bitte darüber reden und das hinter uns lassen?"
- „Ich weiß, du findest das witzig, und ich habe es längst kapiert,
aber das ist eine empfindliche Stelle bei mir. Bitte hör auf."

Der Aggressive

Wenn dein Erzfeind sich den Serienmörder aus der Serie *Dexter*
oder den Killer aus der *Halloween*-Reihe zum Vorbild genommen
hat, wirst du wenig Erfolg haben, an sein Gewissen zu appellieren.
Du solltest lieber etwas erwidern, was dir Zeit gibt, das Weite zu
suchen. Wenn er dir nachsetzt, könntest du es mit diesen konflikt-
vermeidenden, passiven Phrasen versuchen:
- „Okay, wenn du meinst. Ich muss los, mein Arbeitskollege/
Lehrer wartet."
- „Mein Vater/meine Frau steht draußen, ich muss."
- „Tut mir leid, wenn du das so siehst. Anders wäre es mir lieber.
So, der Chef/Direktor ruft. Tschüss."
- „Dir scheint ordentlich eine Laus über die Leber gelaufen zu
sein, und ich bin wohl keine Hilfe. Ich gehe lieber zu meinen
Freunden. Machs gut."

Es kann das Zünglein an der Waage sein, deinen Feind glauben zu
machen, andere warteten auf dich und würden nach dir suchen,
wenn du nicht auftauchst. Zögere nicht, so etwas einzuflechten,
wenn du wirklich Angst hast.

Der Soziale

Wenn die Lieblingsbeschäftigung deines Feindes darin besteht,
dich auszugrenzen oder Gerüchte über dich in Umlauf zu bringen,

ist die Wahrscheinlichkeit geringer, dass es zu einer gewalttätigen Eskalation kommt. Auf der anderen Seite wird die Oberzicke oder das Ekelpaket sich gehörig zur Wehr setzen, solltest du versuchen, in seine sozialen Kreise einzudringen. Wahrscheinlich hat er oder sie die anderen längst davon überzeugt, dir auch die kalte Schulter zu zeigen. Es ist traurig, aber die Geisteshaltung einer ganzen Gruppe zu überwinden ist ein hartes Stück Arbeit.

Versuch nicht, mit dem Kopf die Wand einzurennen. Lerne die Leute aus diesem Kreis lieber einen nach dem anderen kennen und gewinne so ihr Vertrauen. Oder such dir woanders Freunde. Die „angesagte" oder „beliebte Clique" ist nämlich gar nicht immer so großartig, wenn man sie einmal kennt.

Ich habe den Fehler gemacht, als Jugendlicher unbedingt dazugehören zu wollen. Selbst als ich es mehr oder weniger geschafft hatte, blieb ein fader Beigeschmack. Dieser Beigeschmack war ich! Ich war überhaupt nicht ich selbst. Mach nicht denselben Fehler. Verstelle und verbiege dich nicht. Such dir lieber Freunde, die dich so annehmen, wie du bist.

Das Beste ist meistens, die Suche nach Freunden ganz natürlich anzugehen. Sei du selbst und lass dich von den Leuten um dich herum entdecken. Suche nach denen, die ähnliche Interessen haben wie du und mit deren Persönlichkeit du gut klarkommst. Es ist viel angenehmer, mit Leuten Zeit zu verbringen, die einen akzeptieren, als in einer Gruppe, wo man sich ständig beweisen muss.

Ich werde nie vergessen, wie während einer meiner ersten Auftritte ein Mädchen aufstand und fragte, ob sie mich umarmen darf. Dann kam sie nach vorn und flüsterte mir ins Ohr: „Danke. Es hat noch nie jemand zu mir gesagt, dass ich hübsch bin." Oh Mann, ich flippte bald aus! So traurig!

Jeder von uns hat Unsicherheiten. Jeder möchte dazugehören. Wenn du noch nicht erwachsen bist, glaub mir, es wird besser. Die Jahre der Pubertät sind am schlimmsten. Nach der Schule wird die Welt viel offener und toleranter. Wer weiß, wenn die Cliquen aus der

Schulzeit sich erst einmal aus den Augen verloren haben, findest du vielleicht sogar unter deinen alten Klassenkameraden gute Freunde.

Der Grund, warum so viele Jugendliche mit Einsamkeit zu kämpfen haben und befürchten, nicht dazuzugehören, ist – bitte festhalten –, dass so viele Jugendliche mit Einsamkeit zu kämpfen haben und befürchten, nicht dazuzugehören.

Unsicherheit ist eine Art Volkskrankheit unter Jugendlichen. Wenn alle um dich herum auf der Suche nach sich selbst sind und Anschluss suchen, entsteht ein völlig verrücktes Umfeld, in dem fast jeder um sein soziales Überleben kämpft. Kein Wunder, dass da nur die wenigsten ganz selbstbewusst sagen können: „Ich komme mit allen gut klar. Und wer mich nicht leiden kann, das ist nicht mein Problem!"

Unsicherheit ist eine Art Volkskrankheit unter Jugendlichen.

Wärst du gern so? Ich sage dir: Viel fehlt da nicht! Du wirst erstaunt sein, was passiert, wenn du dich selbst annimmst und dich für andere öffnest. Einer meiner Bekannten hat eine Tochter im Teenageralter, Jeannie. Nach ihrem Umzug fiel ihr das Eingewöhnen in der neuen Schule sehr schwer. Sie hatten zuvor in einer Kleinstadt gelebt, wo Jeannie viele Freunde hatte. In der neuen, großen Highschool kannte sie überhaupt niemanden.

Als Jeannie nach dem ersten Schultag nach Hause kam und erzählte, sie habe in der Cafeteria ganz allein gesessen und geweint, weil sie sich so einsam gefühlt hatte, war ihr Vater sehr bedrückt. Es gab da eine vielversprechende Mädchenclique, aber immer, wenn jemand Jeannie zu einer Geburtstagsfeier oder einer Party einladen wollte, meinte ein Mädchen namens Laurie, sie könne Jeannie nicht leiden. Laurie machte sich Jeannie zur Feindin. Sie war hübsch, empfand Jeannie aber als Konkurrentin, weil die Jungs anfingen, sich für Jeannie zu interessieren. Außerdem wurmte es sie offensichtlich, dass Jeannie gut singen konnte und der Chorleiter ihre und nicht mehr Lauries Stimme gelobt hatte.

Jeannie war anfangs verletzt. Sie weinte viel, weil Lauries Clique ihr so aus dem Weg ging. Aber dann entschloss sie sich zu einem mutigen Schritt. Sie folgte dem Rat ihrer Eltern, die anderen herausfinden zu lassen, was für ein toller und fröhlicher Mensch sie eigentlich war. Jeannie hörte auf, um jeden Preis in Lauries Clique hineinkommen zu wollen. Stattdessen verhielt sie sich ganz normal und freundlich. Sie ließ locker.

„Lass doch die anderen auf dich zukommen", riet ihr ihre Mutter.

Jeannie versuchte es, und es funktionierte. Bald darauf hatte sie ihren eigenen Freundeskreis aus Jungen und Mädchen. Und weißt du was? Jeannie und Laurie gingen am Ende aufs selbe College. Sie schlossen sich sogar derselben Studentenverbindung an, die Jeannie als eine ihrer Anführerinnen wählte. Eines Tages kam Laurie zu ihr und meinte, sie würde sich freuen, wenn die beiden Freundinnen oder an der Uni sogar Zimmernachbarinnen werden könnten.

Jeannie hätte es Laurie in diesem Augenblick so richtig heimzahlen können. Aber stattdessen sagte sie: „Von mir aus gern!" Und sie meinte es auch so. Jeannie hatte gewonnen! Ihr Rezept: Habe Selbstvertrauen, bleib deinen Werten treu, und gib dir Mühe, nett zu sein. Jeannies selbsichere Art und ihr natürlicher Charme taten das Ihre. Sie brachte schlussendlich sogar Laurie auf ihre Seite, die sich eingestehen musste, dass es ein Fehler gewesen war, Jeannie auszuschließen.

Der Cybertyrann

Eine der traurigsten Geschichten, die ich seit Langem gehört habe, ist die von einem jungen Mädchen aus Washington D.C., das Selbstmord beging, weil es im Internet gemobbt worden war. Sogar am Tag ihrer Beerdigung tauchten noch fiese Kommentare über sie auf Facebook auf. Wie herzlos kann man nur sein?

Das Tragische ist, Geschichten wie diese sind kein Einzelfall. Wenn du mir nicht glaubst, suche einmal nach „Selbstmord" und „Internet-Mobbing". Es ist schlimm, was da an Suchergebnissen geliefert wird, und das sollte allen eine Warnung sein, dass Internet-Mobbing kein harmloser Spaß ist.

Die Täter verschicken Drohungen über E-Mail, SMS und Tweets. Sie posten spöttische Bemerkungen im Internet und verbreiten Gerüchte über soziale Netzwerke. Manche stellen sogar unvorteilhafte Bilder ihrer Opfer ins Internet oder geben sich als jemand anderes aus, um ihre Opfer zu manipulieren, zu erpressen oder sie vor allen peinlich zu machen.

Cybermobbing geschieht oft anonym.

Wenn du dich bedroht fühlst, solltest du als Erstes alle E-Mails und Postings speichern, die derjenige erstellt hat. Das ist wichtiges Beweismaterial.

Zeig es deinen Eltern und anderen Vertrauenspersonen. Sie können dir helfen, die nächsten Schritte zu planen. Das Gute ist, beim Cybermobbing entstehen immer Spuren, die man sichern und den Behörden übergeben kann, und diese können in den meisten Fällen zu den Verursachern zurückverfolgt werden. Spätestens dann stellen diese ihr Treiben ein, oder sie werden sogar dafür bestraft.

Internet-Mobbing hat viele Gesichter, und mit jeder neuen Technologie und jedem neuen sozialen Netzwerk werden die Täter raffinierter. Sie erstellen in deinem Namen Webseiten, geben sich in Chats, Foren und Blogs als dich aus und verbreiten Gerüchte, erpressen dich und belästigen dich. Sie stellen peinliche Fotos von dir ins Netz oder basteln sogar Fotomontagen.

Ein leichtsinniger Weg, sich als Opfer für Internet-Mobbing zu qualifizieren, ist das sogenannte Sexting, ein neuer und gefährlicher Trend. Sexting ist das Verschicken von freizügigen Fotos von sich oder eindeutigen Texten an eine andere Person. Ich kapiere nicht, wieso Leute das tun. Es ist eine Steilvorlage für eine Katastrophe, und es entehrt den Körper, den Gott uns geschenkt hat.

Man hat mir gesagt, dass häufig Mädchen, die sich unter Druck gesetzt fühlen, mit ihren Freunden zu schlafen, ihnen lieber Nacktfotos schicken und hoffen, dass sie das zufriedenstellt. Ich frage mich, wieso man überhaupt mit jemandem zusammen sein will, dem es nur um mein Äußeres geht oder darum, Sex mit mir zu haben. Such dir lieber jemanden, der dich für dein Inneres liebt! Eine Beziehung ist so viel mehr als nur Sex. Deswegen bin ich dafür, bis zur Ehe zu warten. Bis man jemanden gefunden hat, den man wirklich liebt und dem man vertraut.

Mach dir die langfristigen Konsequenzen bewusst, bevor du aufs „Senden"-Knöpfchen drückst. Ich habe von jungen Leuten gehört, die Fotos von ihrem Körper an ihren Freund oder ihre Freundin schickten, und letzten Endes fielen diese ihren Erzfeinden in die Hände, die sie prompt auf Facebook, MySpace und wer weiß noch wo veröffentlichten.

So etwas kannst du nicht zurückdrehen. Das Internet vergisst nicht. Ist ein Foto einmal dort, ist es für immer da – wo jeder es sehen kann. Kommst du je in Versuchung, selbst Bilder zu verschicken, denke kurz nach: Möchtest du, dass deine Eltern, Großeltern, Geschwister, der Pastor, deine Arbeitskollegen, deine Lehrer – ganz zu schweigen von deinen (späteren) Kindern und Enkelkindern – diese Fotos sehen? Was würdest du deinen Kindern sagen, wenn sie wüssten, dass du als Jugendlicher Nacktfotos von dir verschickt hast? Wie peinlich wäre diese Situation?

Sexting kann langfristige und ernste Konsequenzen haben. Menschen haben ihren Job verloren, ihre Ämter. Sie haben Schwierigkeiten bei Bewerbungen. Manche haben dauerhaft ihren Ruf ruiniert.

In einigen Staaten wird Sexting außerdem als eine Art Kinderpornografie eingestuft. Jeder, der solche Fotos verschickt oder empfängt, macht sich unter Umständen strafbar.

Schütze dich im Internet

Wenn du auch nur den leisesten Verdacht hast, dass jemand dich oder deinen Ruf im Internet beschädigen will, speichere alles Beweismaterial und brich den Kontakt sofort ab. Reagiere nicht mehr auf seine oder ihre E-Mails, SMS, Tweets, Chatanfragen, Facebook-Nachrichten usw. Sichere alles, was du finden kannst.

Internet-Mobbing ist ein ernstes, weltweites Problem. Fast jede Woche höre ich davon, wie junge Leute deswegen Selbstmord begehen oder sich in Alkohol und Drogen „retten". Es gibt im Internet verschiedene Stellen, an die man sich wenden kann. Hier wird einem geholfen, den Verursacher zu finden und sich zu wehren. Hilfe findest du unter anderem auf www.klicksafe.de oder www.internetvictims.de.

Hilfe findest du unter anderem auf www.klicksafe.de oder www.internetvictims.de

Gib deinem Widersacher keinerlei persönliche Informationen preis und versuche nicht, alles allein zu klären. Und am wichtigsten: Verabrede dich *niemals* mit jemandem für ein persönliches Treffen, den du im Internet kennengelernt hast. Zu viele sind dadurch schon in heikle, oft lebensbedrohliche Situationen gekommen – weil ein Täter über das Internet seine Identität und sein Alter fälschen und so „getarnt" seine Opfer suchen kann.

Sobald du das Gefühl hast, jemand versucht dich zu bedrängen, zu mobben, zu stalken, einzuschüchtern oder über das Internet Informationen aus dir herauszupressen, speichere alle E-Mails, SMS usw. und alarmiere die Behörden oder deine Eltern.

In vielen Ländern gibt es schon Gesetze gegen Mobbing, und einige davon sind speziell für Cybermobbing ausgelegt. Man kann

E-Mails automatisch aussortieren lassen und Leuten auf Facebook die Erlaubnis entziehen, auf deiner Seite zu posten. Unter Umständen musst du dich auch unter einem anderen Namen neu anmelden. Lass nicht zu, dass dir jemand deinen Seelenfrieden raubt. Bleib stark! Wenn du merkst, dass du dich in jeden Kommentar und jede Mail hineinsteigerst, sprich lieber mit deinen Freunden, deinen Lehrern, Seelsorgern oder Eltern.

Dass Cybermobbing ein Verbrechen ist, ist vielen überhaupt nicht bewusst. Das heißt: Du kannst zur Polizei gehen, wenn du dich belästigt oder bedroht fühlst.

Hier kommen die zehn besten Tipps gegen Cybermobbing für Teenager von einer Anti-Internet-Mobbing-Seite, cyberbullying.us:

1. Informiere dich

Um gegen Cybermobbing gerüstet zu sein, solltest du wissen, was es genau ist. Finde heraus, wie Cybermobbing funktioniert und wo und wann es am häufigsten auftritt. Tausche dich auch mit deinen Freunden über eure Erfahrungen aus.

2. Hüte dein Passwort

Schütze dein Passwort und private Daten vor ungebetenem Zugriff. Lass deine Zugangsdaten niemals öffentlich herumliegen. Gib sie niemals weiter, auch nicht deinem besten Freund. Falls andere schon in Kenntnis davon gelangt sind, ändere deine Passwörter umgehend!

3. Fotos ja, aber jugendfrei

Bevor du das offenherzige Foto von dir einstellst oder verschickst, frage dich, ob deine Eltern, Großeltern und der Rest der Welt es sehen sollen. Dein Erzfeind könnte dieses Foto als Munition verwenden, um dir das Leben zu vermiesen.

4. Finger weg von unbekannten oder unerwünschten Nachrichten

Öffne niemals Nachrichten (E-Mails, Kurznachrichten, Facebook-Messages usw.) von Leuten, die du nicht kennst, und schon gar nicht von welchen, die schon als Mobbingkandidaten bekannt sind. Lösche sie ungeöffnet. Es könnten Viren enthalten sein, die dein System automatisch infizieren. Öffne auch niemals Links von Unbekannten. Auch hier könntest du auf infizierte Seiten gelangen, die deine privaten Daten abgreifen wollen.

5. Benutze keinen Browserpasswortmanager, um dich automatisch einzuloggen

Bleibe auch nicht eingeloggt, wenn du den Computer oder dein Smartphone verlässt. Gib anderen keine Gelegenheit, sich durch dein Gerät als dich auszugeben. Wenn du etwa vergisst, dich am Bibliothekscomputer aus Facebook auszuloggen, könnte der Nächste dein Konto benutzen und dir gehörige Schwierigkeiten machen.

6. Erst denken, dann posten

Stelle nichts ins Internet, das deinem Ruf schaden könnte. Die Menschen beurteilen dich danach, wie du dich online präsentierst. Das gilt vor allem auch für berufliche Chancen (Bewerbungen, Stipendien, Praktikumsplätze).

7. Mach mobil gegen Mobbing

Starte eine Aktion, gründe einen Verein oder organisiere eine Veranstaltung gegen Cybermobbing. Auch wenn du längst Profi bist; erst wenn andere auch Bescheid wissen, können wir ernsthaft etwas dagegen tun.

8. Nutze die Privatsphäreneinstellung

Beschränke den Zugriff zu deinem Profil ausschließlich auf deine Freunde. Bei den meisten sozialen Netzwerken wie Facebook oder Google+ gibt es die Einstellungsmöglichkeit, manche Informationen nur mit Freunden zu teilen. Allerdings geht das nicht automatisch, sondern muss erst so konfiguriert werden.

9. Such dich selbst

Gib deinen Namen regelmäßig in die großen Suchmaschinen ein. Wenn irgendwelche privaten Daten oder Fotos auftauchen, die jemand gegen dich verwenden könnte, kümmere dich darum, bevor das passiert.

10. Werde nicht selbst zum Täter

Behandle andere im Internet, wie du gern behandelt werden möchtest. Wenn du dich selbst wie ein Idiot aufführst, verbreitest du die Vorstellung, so ein Verhalten wäre normal.

Die beste Verteidigung gegen alle Art von Mobbing ist die Gewissheit, dass du ein Geschöpf Gottes bist. Du bist geliebt und wertvoll! Das kann dir niemand nehmen. Mobbing hat das Ziel, dich niederzumachen und ein schlechtes Gefühl zu geben, aber du kannst die Kommentare bewusst an dir abprallen lassen. Wende dich lieber denjenigen zu, die dich mögen. Und ich bin ja auch noch da!

Denk dran:

- Jeder Trainer hat einen Spielplan. Jeder General hat einen Schlachtplan. Jeder, der mit Mobbing zu tun hat, sollte auch einen Plan haben!
- Sich auf seinen Gegner vorzubereiten und die Situation zu analysieren kann den Erfolg bedeuten. Wenn du schon im Voraus deine Reaktion, deine Fluchtroute und deine Verstärkung kennst, wirst du viel sicherer und weniger ängstlich in die entscheidenden Situationen hineingehen.
- Du solltest immer mindestens eine Person einweihen, wenn du dich bedroht, in die Enge getrieben, manipuliert oder isoliert fühlst. Du musst nicht alles allein schaffen; bitte lieber so früh wie möglich um Hilfe. Selbst wenn dir der andere nicht direkt helfen kann, ist es wichtig, dass jemand um das Problem weiß, falls dir etwas zustößt.

11 — Mach dich stark gegen Mobbing

Sei ein guter Samariter und sage der Mobbingepidemie den Kampf an

Als Jesus gefragt wurde: „Wer ist mein Nächster?", erzählte er eine Geschichte über einen Juden, der zwischen Jerusalem und Jericho überfallen, zusammengeschlagen und am Straßenrand liegen gelassen wurde. Zwei Leute, ein Priester und ein Levit, gingen einfach vorbei. Erst der Dritte, ein Mann aus Samaria, erbarmte sich, obwohl Samariter und Juden eigentlich verfeindete Völker waren.

Der Samariter kümmerte sich um die Wunden des Mannes und brachte ihn in eine Herberge. Bevor er weiterzog, gab er dem Besitzer Geld und versprach wiederzukommen.

Jesus fragte seine Zuhörer, wer von den dreien dem Samariter der Nächste gewesen sei. Als jemand antwortete, der Samariter sei der Nächste, weil er als Einziger hilfsbereit gewesen war, meinte Jesus: „Dann geh und mach es genauso."

In diesem Buch habe ich dir eine Mobbingverteidigung gezeigt, weil du mir am Herzen liegst und ich alles tun möchte, um dich vor emotionalem und körperlichem Schaden zu bewahren. In diesem letzten Kapitel möchte ich dich auffordern: „Dann geh und mach es genauso."

Arbeite an deinem Einfühlungsvermögen. Zeige Mitgefühl wie der Samariter. Tu, was du kannst, um andere vor Mobbing zu schützen.

Hiermit ernenne ich dich zum modernen Samariter. Dein Auftrag: Mobbing ausrotten! Ich weiß, du bist nur ein einzelner Mensch. Ich bin auch nur ein einzelner Mensch, und auch noch einer, dem vier Gliedmaßen fehlen! Und doch reise ich um die Welt und überzeuge junge Leute, dass Mobbing uncool ist. Das kannst du auch – in deiner Schule, Familie, Nachbarschaft, auf der Arbeit, in der Stadt, deinem Landkreis, Bundesland und darüber hinaus.

Die Täter wollen ihre Opfer isolieren und dann systematisch fertigmachen. Wenn wir alle vereint stehen, kann das nicht mehr passieren. Tun wir uns zusammen, damit niemand mehr allein sein muss! Wäre das nicht wunderbar?

Mobbing ist ein weltweites Problem, das sich negativ auf unsere Lebensqualität auswirkt. Junge Menschen verlieren ihre Lebensfreude. Sie werden terrorisiert, selbst Spielplätze werden zu gefürchteten Orten. Ich wollte einst nicht mehr leben, weil man mir das Leben zur Hölle machte. Ich kenne einige, die ihrem Leben ein Ende gesetzt haben; andere sind Drogen und Alkohol verfallen oder ritzen sich selbst, um den Schmerz ertragen zu können.

Experten sagen, Mobbing setzt einen Teufelskreis der Gewalt in Gang. Viele Opfer werden selbst zu Tätern. Die schlimmsten Amokläufe an Schulen und anderswo werden von jungen Menschen ausgeführt, die gemobbt wurden. Wir können diesen Teufelskreis nur stoppen, indem wir die Täter ausfindig machen und alles Mögliche tun, um sie von ihrem Pfad abzubringen, und ihnen neue Orientierung geben.

Als Schüler habe ich das Leben oft gehasst, weil ich so gehänselt wurde. Ich kann die innere Wut gut nachvollziehen, die Opfer zu Tätern werden lässt. Aber ich weiß auch, dass man den Schmerz überwinden und zu neuen Ufern aufbrechen kann.

Worte können verletzen, Worte können aber auch heilen. In der Bibel steht, wir sind „wunderbar und einzigartig gemacht". Wir sind allesamt geliebt und gewollt, und mit dieser Tatsache können wir gemeinsam gegen Mobbing eintreten.

Deine Mobbingverteidigung steht! Wie kannst du dich nun aktiv am Kampf gegen Mobbing beteiligen? Hier sind einige Vorschläge:

- Halte die Augen offen und schreite ein, wenn du Zeuge von Mobbing wirst.
- Falls deine Schule noch kein Anti-Mobbing-Programm hat, such dir im Internet passende Informationen und plane selbst eins! Setz dich mit der Schulleitung zusammen und schlage ein Projekt vor.
- Schlage im Englischunterricht den Mobbing-Dokumentarfilm *Bully* (2011) vor. Dieser Film behandelt den Schmerz der Opfer, zeigt aber auch Wege auf, wie man gemeinsam gegen Mobbing vorgehen kann.
- Starte eine Art Online-Notrufzentrale, wo man anonym melden kann, wenn man gemobbt wird, und dann Hilfe organisiert wird.
- Sprich mit deinen Freunden, Arbeitskollegen oder Klassenkameraden über das Thema Mobbing, inwiefern es dich betrifft, und was es auf der Welt für Schaden anrichtet. Rufe sie auf, nicht wegzusehen.
- Nutze dein Facebook-Profil, dein Twitter-Konto und alle anderen sozialen Netzwerke, um zu verbreiten, wie uncool du Mobbing findest, und ermutige dein Umfeld, sich dagegen zu wehren.

Du bist nicht allein im Kampf gegen Mobbing, so viel steht fest. Tausende Leute überall auf dieser Welt haben sich diesem Kampf verschrieben, und auch Gott legt die Hände nicht in den Schoß. Woche für Woche gibt es neue Anti-Mobbing-Kampagnen. Ich freue mich über jedes Gesetz und jede Regelung, die diesbezüglich erlassen wird. Aber wir dürfen uns nicht nur auf die Politik und die Behörden verlassen. Jeder kann etwas tun, weil es uns alle betrifft.

Gerade gottgläubige Menschen sollten als moderne Samariter den Opfern beistehen. Jesus hat uns gezeigt, wie man Mobbing die Stirn bietet und mit den Tätern umgeht. Er wurde beschimpft und misshandelt. Und zahlte es seinen Gegnern doch nie heim. Er ließ sich nie auf ihr Niveau herab, er blieb stark und souverän. Sein Ausgangspunkt war immer Barmherzigkeit, Liebe und das Angebot zur Umkehr.

„Ihr seid das Licht, das die Welt erhellt", sagte Jesus. „Eine Stadt, die hoch auf dem Berg liegt, kann nicht verborgen bleiben. [...] Genauso soll euer Licht vor allen Menschen leuchten. Sie werden eure guten Taten sehen und euren Vater im Himmel dafür loben." Ich werde nicht nachlassen, Mobbing in jeder Form aufzudecken und dagegen vorzugehen. Bist du mit von der Partie? Stehe den Opfern und potenziellen Opfern bei und hilf ihnen, selbst eine Mobbingverteidigung zu errichten!

Als Vater werde ich meinen Sohn nach allen Kräften beschützen. Ich möchte nicht, dass er jemals gehänselt wird; andererseits kann ich ihn auch nicht in Watte einpacken. Eines Tages wird er den Stich eines gemeinen Kommentars spüren. Aber ich werde mir viel Zeit nehmen, ihn darauf vorzubereiten und ihm zu zeigen, wie man diese Stiche neutralisiert.

Deine Anti-Mobbing-Kampagne fängt in deiner Familie an. Aber wenn du ein guter Samariter werden willst, sollte dein liebevoller Schutz sich auch darüber hinaus erstrecken.

Lasst uns alle zusammen denen zu Hilfe eilen, die zur Zielscheibe geworden sind. Bauen wir gemeinsam mit ihnen an einer Mobbingverteidigung! Lasst uns die Tränen derjenigen trocknen, die still und heimlich leiden. Und lasst uns vor die verletzten Jungen und Mädchen, Männer und Frauen stellen, die einen Beschützer brauchen. Wir können diese Welt für die nächsten Generationen sicherer, friedlicher, freundlicher und liebevoller machen!

Die Zeit ist reif. Die Welt da draußen wartet auf deinen Einsatz.

Auf der nächsten Seite findest du noch einmal die Anti-Mobbing-Erklärung. So brauchst du nicht lange zu suchen. Ich hoffe, du machst regen Gebrauch davon und merkst, wie es dir hilft.

Alles Gute,
und wie immer
dein Nick!

Denk dran:

- Sei ein guter Samariter und stehe den Opfern von Mobbing bei.
- Mach dich in deiner Nachbarschaft, Schule und in deinem Umfeld stark gegen Mobbing.
- Durchbrich den Teufelskreis der Gewalt. Wenn du selbst Opfer bist, sei stark und werde nicht zum Täter.
- Wenn kein Wunder passiert, sei selbst eins!

Die Anti-Mobbing-Erklärung

- Ich lasse mich von Mobbing nicht verletzen und schon gar nicht definieren. Ich weiß, wer ich bin und wohin ich will.
- Ich gebe niemandem die Macht, mich schlecht fühlen zu lassen. Für mein Glück bin ich selbst verantwortlich.
- Meine Werte sind fest und unerschütterlich. Sie sind die Richtschnur, nach der ich mein Leben plane.
- Meine Kraft kommt von innen, und ich lasse mich nicht verunsichern.
- Ich weiß, dass meine Familie und meine Freunde immer hinter mir stehen, genauso wie ich immer auf ihrer Seite bin.
- Ich weiß um meine Gefühle, vor allem um meine Wut und Ängste, und ich überlasse meine Reaktion darauf nicht dem Zufall. In Gedanken und im Verhalten bleibe ich positiv gestimmt.
- Mein geistliches Leben gibt mir Kraft. Ich weiß, dass ich geliebt und gewollt bin. Wo ich schwach bin, ist Gott stark.
- Aus jeder noch so schlimmen Situation nehme ich etwas Positives mit.
- Ich bin bereit, anderen zu helfen, vor allen denen, die gemobbt werden.

Danksagung

Es bleibt dabei: Ich danke zuerst Gott!

Meiner Frau, Kanae, die mein größtes Geschenk ist, meine Trösterin und mein Schild gegen die Stürme des Lebens. Danke, dass du mich liebst, dein Leben mit mir verbringst und uns einen Sohn geschenkt hast. Ich hätte niemals so eine tolle Frau gefunden, hätten meine Eltern mich nicht so fürsorglich zur Selbstständigkeit erzogen und aufs Erwachsenenleben vorbereitet. Sie haben mir geholfen, ein Mann zu werden, und auf dem starken Fundament ihrer Erziehung kann ich der Ehemann und Vater sein, den meine eigene kleine Familie verdient hat.

Meinem Freund und Koautoren Wes Smith, der mir wie immer geholfen hat, meine Gedanken in eine lesbare Form zu bringen. Danke dafür!

Jan Miller und Nena Madonia von Dupree Miller & Associates, meiner Literaturagentur, die mittlerweile gute Freunde und eine große Unterstützung geworden sind.

Tiefer Dank gilt auch meinem Verlag WaterBrook Multnomah, einer Sparte von Random House, und seinem professionellen Team, zu dem auch Gary Jansen, Steve Cobb und Bruce Nygren gehören.

Ich danke natürlich auch dem ganzen Team von Life Without Limbs und Attitude is Altitude, und insbesondere allen meinen Lesern! Danke für die vielen inspirierenden Rückmeldungen und Berichte – vor allem für die, die wir in diesem Buch verwenden durften. Wir freuen uns über jede Nachricht, jeden Brief und jede E-Mail. Euer Feedback motiviert mich, und eure Geschichten tragen mich von Tag zu Tag.

Gott segne jeden Einzelnen von euch!

Über den Autor

Nick Vujicic ist Motivationsredner, Evangelist und Gründer von Life Without Limbs, einer Organisation für Menschen mit körperlichen Behinderungen. Obwohl er schwerst körperlich behindert ist (ihm fehlen seit der Geburt Arme und Beine), begeistert er überall auf der Welt Menschen, spricht vor großem Publikum und ermutigt seine Zuhörer, Hindernisse zu überwinden und ihre Träume zu verfolgen. Vujicic ist in vielen Medienformaten zu sehen gewesen, darunter *20/20*, der *Los Angeles Times*, TBN, *The 700 Club*, *Life Today*, *Joni and Friends*, bei Janet Parshall, Joel Osteen, *Family Talk,* in Deutschland bei Jesus House, ERF Medien und vielen anderen. Der gebürtige Australier wohnt mit seiner Frau Kanae und dem gemeinsamen Sohn Kiyoshi in Kalifornien.

Personal Trainer

für ein unverschämt gutes
Leben

96 Seiten, Taschenbuch,
ISBN 978-3-7655-4180-3

Endlich da: Nick Vujicics „Regeln für ein unverschämt gutes Leben" – als persönlicher Lebensbegleiter und als Anregungsbuch für
die Kleingruppe. Mit Fragen, praktischen Anregungen, Impulsen
und Ideen zum Umsetzen, Trainieren und Vertiefen – angereichert
mit zahlreichen Fotos und Zitaten.

Themen:
- Hoffnung finden und eine feste Überzeugung, dass das Leben
  einen Sinn hat;
- Vertrauen in Gott und seine unendlichen Möglichkeiten;
- Liebe und Selbstannahme lernen;
- ein mutiges Wesen, ein vertrauensvolles Herz, eine positive
  Grundeinstellung entwickeln;
- bereit werden für Veränderung, Chancen nutzen;
- Risiken einschätzen lernen und über das Leben lachen.

BRUNNEN VERLAG GIESSEN
www.brunnen-verlag.de

Freihändig

Warum mich und dich
so schnell nichts aufhält

256 Seiten, gebunden, mit Fotos
ISBN 978-3-7655-1583-5

Mich kann so schnell nichts aufhalten, sagt Nick Vujicic, der beliebte Bestsellerautor und Motivationstrainer. Auch ohne Arme und Beine hat er in seinem Leben schon viele Hindernisse überwunden. Sein unbändiger Glaube, den er täglich in die Tat umsetzt, gibt ihm die Kraft, nicht aufzugeben und beinahe Unglaubliches zu erreichen.

In Freihändig motiviert Nick dazu, die eigenen Überzeugungen zu leben, Hindernisse als Chancen zu sehen und seine Bestimmung zu finden. Er weiß, dass mit der richtigen Portion Gott- und Selbstvertrauen erstaunliche Kraftreserven in jedem von uns schlummern.

Wunder gibt es immer wieder. Deswegen habe ich auch ein Paar Schuhe im Schrank – nur für den Fall. Aber bis dahin lege ich die Hände nicht in den Schoß.
Nick Vujicic

BRUNNEN VERLAG GIESSEN
www.brunnen-verlag.de

Dein Leben ohne Limits

50 Powerstarts für jeden Tag

160 Seiten, Taschenbuch,
ISBN 978-3-7655-4238-1

*Ein sehr ermutigendes Werk von dem lebensbejahenden Nick Vujicic,
der die Leser mit seinen Worten tief beeindruckt. Diese 50 Powerstarts
für jeden Tag machen das Lesen zu etwas ganz Besonderem. Schon die
erfolgreichen und empfehlenswerten Bücher „Mein Leben ohne Limits"
und „Freihändig" haben viele Impulse gegeben und auch dieses Buch
wird vielen Menschen neues Zutrauen schenken. Schon als Kind konnte der Autor Gott kennenlernen und gibt seine grenzenlose Liebe hier
an die Leser weiter. Was man für ein erfülltes Leben mit Gott braucht
wird hier ausführlich und glaubwürdig aufgezeigt. Man kann sehr viel
aus diesen Powerstarts für sich selbst mitnehmen und eine lebendige
Beziehung zu Jesus Christus aufbauen. Eine absolute Leseempfehlung
und ein sehr wertvolles Buch.*
Düsseldorfer Lesefreunde

BRUNNEN VERLAG GIESSEN
www.brunnen-verlag.de

Operation Unsichtbar

192 Seiten, Taschenbuch,
ISBN 978-3-7655-4187-2

Auf dem Heimweg geschubst, von Mitschülern ausgelacht, in der Schule gemobbt – schlagartig ist der zwölfjährige Nikolas all diese Probleme los, denn er wird unsichtbar. Keiner kann ihn sehen oder hören, keiner sucht nach ihm. Ist er etwa ganz allein? In der Schule trifft er die freche Alice und andere Mädchen und Jungen – ebenfalls unsichtbar.

Eine abenteuerliche Zeit beginnt: Sie gehen umsonst ins Kino, spionieren im Lehrerzimmer und genießen ihre Freiheit. Aber das Unsichtbarsein hat nicht nur schöne Seiten. Einige Schüler drohen völlig zu verschwinden, als hätte es sie nie gegeben ... Gibt es einen Weg, wieder gesehen zu werden?

Ein spannender, unterhaltsamer Roman, der ganz nebenbei eine in der Praxis erprobte Anti-Mobbing-Strategie vorstellt.

„Ich habe die Geschichte sehr gerne gelesen, fast in einem durch. Besonders der Schluss macht einem richtig Mut."
Anne (12)

BRUNNEN VERLAG GIESSEN
www.brunnen-verlag.de